깨봉이와 꼬미의
술술 동의보감 1권

깨봉이와 꼬미의 술술 동의보감 1권

초판1쇄 펴냄 2023년 6월 15일
초판2쇄 펴냄 2024년 2월 26일

지은이 오창희, 김해완
그린이 니나킴
감　수 여인석

펴낸이 유하나
펴낸곳 곰세마리
주소 서울시 마포구 와우산로 180, 4층
대표전화 02-702-2717 | **팩스** 02-703-0272
홈페이지 www.gom3.kr
원고투고 및 문의 editor@gom3.kr

편집 송예진 | **디자인** 이은솔 | **마케팅** 육소연

저작권법에 의해 한국 내에서 보호를 받는 저작물이므로 무단전재와 무단복제를 금합니다.
ISBN 979-11-978496-7-1 73510
곰세마리는 (주)그린비출판사의 가족브랜드입니다.

* 이 책을 만드는 데 도움을 주신 분들 *

이윤진·조이수·조이랑 | 송소영·이하린 | 김정애·이서연·이도연
배정은·전지민 | 이현숙·김하린 | 이소영·정은우

깨봉이와 꼬미의

술술
동의보감

1권

곰세마리

저자의 말

많은 사람들이 '의학'을 어려운 공부로 생각합니다. 몸이 아프고 또 낫는 경험은 누구나 다 하는 경험이지만, 병과 치유에 대한 지식은 병원에 가서 의사 선생님께 여쭤봐야 합니다. 소중한 생명을 치료하는 일에 그만큼 막중한 책임과 능력이 요구되기 때문이지요.

그런데 몸을 공부하는 것이 꼭 치료를 위해서만은 아닙니다. 몸은 우리 자신이므로, 몸을 배운다는 것은 곧 내가 스스로를 이해하는 채널을 늘려 가는 것입니다. 몸을 잘 알고 있다는 자신감이 생길 때 비로소 몸을 소중히 여길 수 있습니다.

또한 몸은 늘 세상과 관계 맺고 있기 때문에, 건강한 몸을 이해하는 과정에서 자연스럽게 '건강한 세상'에 대한 상상력도 길러지게 됩니다. 지구가 병들었다면 지구에서 살아가는 인간도 병들지 않을 수가 없겠죠. 의학 안에는 우리가 '각자 또 함께' 활기차게 살아갈 수 있는 힌트가 숨어 있습니다.

『깨봉이와 꼬미의 술술 동의보감』을 저술하게 된 이유도 이 힌트를 나누기 위해서입니다. 우선 『동의보감』에 녹아 있는 한의학의 지혜를 여러분과 쉽고 재미있게 공유하고 싶었습니다. 한의학에는 의학 지식뿐만 아니라 동아시아에서 몇 천 년 동안 세상을 이해해 온 관점이 녹아 있습니다. 음양오행이 서로를 살리고(상생) 또 견제하며(상극) 균형을 이루는 이상적인 상태를 순환이라고 합니다. 몸과 마음, 관계와 감정, 개인과 세상이 끊임없이 순환하는 이야기는 건강에 대한 새로운 상상력을 키워 줄 것입니다.

둘째 이유는 기후 위기에 대한 경각심을 심어 주기 위해서입니다. 기후 위기는 오늘날 지구가 앓고 있는 병증입니다. 현 세대가 자라서 훗날 마주하게 될 가장 큰 난관 역시 기후 위기입니다. 우리가 북극곰 꼬미의 슬픔에 공감할 때, 비로소 치유의 첫 발자국이 시작될 것입니다. 꼬미와 깨봉이와 함께하는 『동의보감』 공부가, 여러 친구들에게 세상을 치유하는 지혜의 씨앗이 되기를 소원합니다.

―해잠 샘, 김해완

차례

저자의 말 —4

캐릭터 소개 —8

1장 정 / 기 / 신이란 무엇일까? —13

2장 내 몸에 자연이 있다고? —23

3장 몸은 왜 아플까? —32

4장 오장(五臟)은 무슨 일을 할까? —41

5장 육부(六腑)는 무슨 일을 할까? —51

6장 너무 기쁘거나 슬픈 것도 병일까? —61

7장 얼굴은 왜 중요할까? —70

8장 여자와 남자는 어떻게 다를까? —80

9장　침, 땀, 눈물은 왜 나올까? —90

10장　똥과 오줌은 왜 싸야 할까? —100

11장　매일 씻는데 왜 가려운 것일까? —110

12장　내 몸속에 벌레가 산다고? —120

13장　내 목소리는 왜 작은 것일까? —129

14장　땀이 나지 않으면 어떻게 될까? —139

15장　왜 마음이 아프면 가슴도 아플까? —148

〈술술 동의보감〉 출처 —158

저자 소개 —159

캐릭터 소개

깨봉이

감이당에서 택견을 배우게 된 초등학생. 처음엔 훤칠한 택견 샘이 궁금했지만, 택견을 배울수록 몸과 마음을 돌보는 법에 대한 호기심이 샘솟는다. 궁금한 것은 참지 않고 질문해, 날이 갈수록 『동의보감』 척척박사가 되어 간다.

꼬미

기후 위기로 녹아 버린 빙하를 타고 한강을 건너 남산까지 오게 된 북극곰. 새롭게 친구가 된 깨봉이와 함께 감이당에서 시간을 보내며 복희씨가 들려주는 『동의보감』 이야기에 푹 빠진다. 과연 꼬미는 북극으로 돌아갈 수 있을까?

복희씨

감이당에서 『동의보감』을 공부하고 가르치는 선생님. 타고난 소화력의 소유자로 온갖 동양 고전 공부를 소화해 내고 있다. 최근 『주역』을 공부하며 복희씨(『주역』의 근간이 되는 팔괘를 만든 중국 고대 전설의 제왕)에게 푹 빠졌다. 그 덕에 감이당에선 누구에게나 이름 대신 '복희씨'로 통한다. 깨봉이와 꼬미의 엉뚱한 질문에도 찰떡같이 대답해 주며, 이들을 진심으로 아껴 준다.

택견 샘

출중한 택견 실력은 물론, 잘생긴 외모로 학생들에게 인기 만점! 하지만 깨봉이와 꼬미의 질문 폭탄을 당해 내지 못하고 늘 "복희씨께 여쭤보자!"를 입버릇처럼 외치고 만다. 깨봉이와 꼬미에게 자극을 받아 점점 『동의보감』 공부를 열심히 하게 된다.

해잠 샘

타고난 공부복의 소유자. 어린 시절부터 감이당에서 여러 공부를 했고, 지금은 스페인에서 의대에 다니고 있다. 서양 의학을 공부하고 있지만, 『동의보감』을 비롯한 다른 의학에도 관심이 많다. 『동의보감』 공부에 진심인 깨봉이와 꼬미, 그리고 친동생인 택견 샘을 기특하게 생각한다.

깨봉이와 꼬미의

술술
동의보감

1권

1장
정 / 기 / 신이란 무엇일까?

오늘은 남산 감이당에서 열리는 깨봉이와 꼬미의 첫 번째 택견 수업 날이다. 감이당은 '몸'에 대해 다양한 방식으로 공부하는 인문학 공동체인데, 이번엔 어린이를 위한 택견 프로그램이 열린 것이다. 두 친구는 택견장에 들어서자마자 훤칠한 택견 샘께 우렁차게 인사를 했다.

"안녕하세요, 사범님!"
"깨봉이와 꼬미, 반갑다. 택견의 세계에 입문한 것을 환영한다."

택견 샘은 깨봉이와 꼬미에게 어깨너비로 발을 벌리고

서라고 했다. 그리고 아랫배를 깊이 움직이는 단전 호흡을 시켰다. 들숨, 날숨. 들숨, 날숨. 금세 지루해진 깨봉이는 딴청을 피우다가 갑자기 질문을 던졌다.

"사범님, 택견을 배우면 영화 속 주인공처럼 힘도 세지고 나쁜 사람들도 물리칠 수 있나요?"
"깨봉이는 물리치고 싶은 사람들이 있니?"
"꼬미가 살던 북극을 녹여 버린 악당들이요!"

깨봉이의 맹랑한 대꾸에 꼬미가 멋쩍은 표정을 지었다. 택견 샘은 북극의 빙하가 녹아내리는 것은 우리 모두의 책임이라고 말해 주려다가, 이야기가 길어질 것 같아 우선 질문에 대답하기로 했다.

"깨봉이 말마따나 무술계의 고수는 부당한 폭력에 맞설 힘이 있어. 그렇지만 폭력이 무술의 목적은 아니야. 힘이 세지는 것보다 더 중요한 것은 건강해지는 거란다."

이번에는 꼬미가 입을 열었다.

"건강하면 힘도 센 거 아니에요? 헬스장에 다니는 사람들을 보면 팔뚝도 굵고 허벅지도 튼튼하던데요. 북극곰도 덩치가 크면 사냥을 더 잘한대요."

"그렇지만, 큰 북극곰이 작은 북극곰보다 꼭 오래 사는 건 아니고, 많이 먹는 북극곰이 병에 걸리지 않는 건 아니지 않니? 몸은 겉으로 보기만 해서는 다 알 수가 없어. 건강하기 위해서는 외모가 아니라 정/기/신을 튼튼히 길러야 해."

깨봉이와 꼬미는 처음 듣는 단어에 눈을 동그랗게 떴다.

"깨봉아, 정/기/신이 뭐야? '정신'이랑 비슷한 뜻이야?"
"나도 몰라. 사범님, 꼬미 말이 맞나요? 택견은 정신력을 키우는 무술인 거예요?"

택견 샘 등에서 식은땀이 흘렀다. 택견 실력은 출중해도 말재주는 없는지라, 두 친구의 폭풍 질문을 감당하기가 어려웠다. 그렇다고 모른다고 말할 수도 없는 노릇….

"으음…. '정/기/신'과 '정신'이 연관이 있기는 하지만 완전히 같다고 할 수도 없고…. 그… 그래! 복희씨께 여쭤보자! 지금 공부방에 계실 거야."

택견 샘의 말에, 깨봉이가 꼬미에게 속닥거렸다.

"복희씨라면 지난번 택견 교실 맛보기 수업 때 감이당 안내를 해 주신 선생님이지? 나 택견 샘이 어른한테 복희 '씨'라고 부르는 거 보고 완전 실망할 뻔했잖아."

알고 보니 '복희씨'는 팔괘를 만든 중국 고대의 제왕으로, 복희씨를 닮고 싶어 선생님이 스스로 붙인 별명이었다. 감이당에선 누구나 선생님을 '복희씨'라고 불렀다.

사범님 말대로 복희씨는 공부방에서 『동의보감』을 읽고 있었다. 문을 열고 들어온 꼬미와 깨봉이를 반갑게 맞이해 주었다. 깨봉이가 물었다.

"복희씨, 정/기/신이 뭔지 알려 주세요. 사범님이 건강해지려면 정/기/신을 잘 키워야 하는데, 정/기/신과 정신은 다른 거래요. 그런데 두 가지가 어떻게 다른지 모르겠어요."

복희씨는 택견 수업이 아주 수준 높다며 한바탕 웃더니 설명을 시작했다.

"꼬미와 깨봉이가 잘못 생각한 게 아니란다. 우리 몸은 정(精)과 기(氣)와 신(神)으로 이루어져 있어. 우리가 마음 상태를 가리킬 때 쓰는 말인 '정신'은 이 중에서 '정'과 '신'을 합쳐서 만든 말이야. 그러니까 정신은 몸이기도 하고 마음이기도 하지. 또 정과 신이 사이좋게 지내려면 이 둘을 튼튼하게 이어 주는 기가 필요해. 그래서 정, 기, 신은 늘 함께 다니는 삼총사야."

꼬미가 물었다.

"정/기/신은 어디에 있나요? 팔다리에 있나요? 아니면 머리에 있어요?"

"좋은 질문이구나. 몸의 한 부분만 들여다봐서는 정/기/신을 발견할 수 없단다. 우선 '정'(精)은 우리 몸 전체를 이루는 기본 물질이야."

"몸을 이루는 기본 단위는 세포 아닌가요?"

깨봉이가 아는 척을 했다. 어제 학교 과학 시간에 배운 내용이라 금세 기억이 났던 것이다.

"잘 알고 있구나. 세포도 우리처럼 살아 있단다. 밥도 먹고 똥도 싸고 아이도 낳아. 우리가 자고 일어나면 어제의 세포는 죽고 새 세포와 함께 깨어나게 돼. 세포들이 힘차게 살아야 우리도 건강하겠지? 이처럼 생명 활동을 활발하게 하도록 도와주는 모든 재료와 토대를 정이라고 부르는 거야. 우리 몸에는 정을 보관해 놓는 저장고가 몇 군데 있어. 뼈의 골수, 머리의 뇌수, 그리고 정액. 이 저장고를 가득 채우려면 음식을 잘 먹어야 해. 특히 밥! 괜히 '정' 자에 쌀 미(米) 자가 들어 있는 게 아니란다."

깨봉이와 꼬미가 서로 마주 보며 키득키득 웃었다. 이

둘은 밥이라면 자신 있었다. 어느 땐 오히려 밥을 너무 많이 먹어서 탈이었다.

"하지만 무조건 저장만 해서는 건강할 수 없어. 씩씩하게 살아가려면 에너지가 잘 돌아야 해. 이 에너지를 '기'(氣)라고 부른단다. 기는 막힘없이 순환하는 게 중요해. 우리가 자주 쓰는 '기운'이라는 말도 풀어 보면 기를 운전한다는 뜻이야."
"무슨 말인지 알 것 같아요. 축구를 하면 기운이 쭉 빠지지만, 조금 쉬면 축구하기 전보다 더 힘이 나거든요. 제가 기를 잘 운전했기 때문이 아닐까요?"

꼬미가 냉큼 끼어들었다. 최근 꼬미는 남산의 어린이 축구팀에 들어가서 맹활약하는 중이었다. 복희씨는 꼬미의 순발력을 칭찬했다.

"꼬미는 공부와 일상을 빠르게 연결 짓는구나. 맞아, 기의 역할은 몸을 세상과 연결시켜 주는 거야. 날씨가 추워졌다 더워졌다 변하더라도 우리 체온은 36.5도로 늘 일정하지 않니? 몸속의 기가 바깥 환경과 감응하면서 신체 활동을 조절하기 때문이야. 기를 움직이려면 꼬미가 말한 것처럼 운동을 하는 것도 좋지만, 가장 기본이 되는 활동인 호흡을 잘하는 것이 중요해. 폐가 튼튼해야 기운도 왕성해지는 거야."

복희씨가 호흡 이야기를 하자 뒤에서 듣고 있던 택견 샘이 얼른 휴대폰을 꺼내서 메모를 했다. 운동의 기본이 왜 호흡인지 택견 샘 역시 이제야 알게 된 것이다. 다음번 어린이 택견 교실에서는 이 이야기를 꼭 써먹어야겠다고 몰래 다짐했다. 복희씨가 계속 설명을 이어 나갔다.

"마지막으로 '신'(神)은 정과 기를 움직이는 마음의 방향이란다. 우리는 모두 비슷한 몸을 가진 것처럼 보이지만, 생각해 보면 다들 다르게 살잖아? 마음을 어떻게 쓰느냐에 따라서 일상도 다르게 변하기 때문이야. 일상의 중심인 신에 문제가 생기면 정은 무너지게 되고, 정이 부족하면 신도 흔들리게 돼. 한마디로 '정신'을 차릴 수가 없게 되는 거야. 신은 심장에 깃들어 있다고 해. 분노나 두려움 때문에 마음이 흔들리면 심장 박동도 더 빨라지지 않니?"

복희씨의 설명을 듣고 깨봉이와 꼬미는 얼른 손을 가슴에 얹어 보았다. 쿵쿵, 심장 뛰는 소리가 들리는 듯도 했다. 이것이 신의 운동일까? 점심시간에 꼭꼭 씹어 먹은 밥이 정으로 변하고, 지금 쉬고 있는 숨이 기가 된다는 것도 신기하기만 했다. 두 사람을 흐뭇하게 바라보던 복희씨는, 호기심 많은 어린 친구들에게 쩔쩔맸을 택견 샘을 구해 주기로 하고 말했다.

"얘들아, 이제 정/기/신이 뭔지 알았지? 어서 택견 샘을 따라가서 수업을 계속하렴."
"네!"

택견장으로 돌아온 아이들은 다시 두 발을 벌리고 섰다. 택견 샘은 어떻게 단전 호흡을 하는지 다시 차근차근 짚어 주었다. 아까와는 달리 호흡을 통해 전신에 기를 통하게 하자는 말도 덧붙이면서 말이다. 깨봉이가 꼬미에게 귓속말을 했다.

"운동하면서 몸도 같이 공부하니까 재미있다. 우리 앞으로 질문 더 많이 하자!"
"그래!"

꼬미는 신이 나서 화답했다.

〈술술 동의보감〉

"정은 기를 낳고 기는 신을 낳는다. 정이 가득 차면 기가 왕성하고, 기가 왕성하면 신이 충실하고, 신이 충실하면 몸이 건강하다."

2장
내 몸에 자연이 있다고?

감이당에서 두 번째 택견 수업이 있는 날, 깨봉이는 지난번보다 일찍 집을 나섰다. 수업 전에 꼬미와 놀고 싶었기 때문이다. 그런데 남산 입구에 다다랐을 즈음, 축구공을 든 한 남자아이가 꼬미에게 소리 지르는 모습을 보게 되었다.

"북극곰이 왜 도시에 살아? 동물원에 가든지, 아니면 네 집으로 돌아가. 자연으로 가라고!"

깨봉이는 서둘러 달려가 꼬미를 등 뒤로 보내 보호했다.

"꼬미네 집이 있는 북극은 지구 온난화 때문에 녹고 있어. 왜 그렇게 못되게 말하는 거야?"

"깨봉아, 얘 지금 우리 팀한테 축구 경기 졌다고 화풀이하는 거야. 너도 괜히 상대하지 마."

꼬미가 깨봉이를 말리자 남자아이는 더 열이 오르는지 깨봉이를 향해서도 목소리를 높였다.

"북극이랑 나랑 무슨 상관이야? 우리 집도 아닌데. 곰 편을 들 거면 너도 도시에서 살지 마!"

남자아이는 그 길로 가 버렸다. 깨봉이는 화가 나서 씩씩댔고, 꼬미도 속상했는지 고개를 떨궜다. 마침 산책하러 나온 복희씨가 두 친구를 발견했다.

"얘들아, 무슨 일 있니?"

깨봉이와 꼬미는 복희씨에게 자초지종을 털어놓았다. 이야기를 다 들은 복희씨는 빙그레 웃더니 잠시 벤치에 앉았다 가자고 제안했다.

"꼬미야, 너무 속상해하지 마. 그 친구가 꼬미에 대해 잘 모르고 한 말이니까."

"하지만 복희씨, 그 친구 말도 맞는 것 같아요. 여기는 사람 사는 곳이고, 곰은 저밖에 없는걸요."

"도시라고 해서 자연이 아닌 게 아니야. 사람이 자연에서 왔는데, 어떻게 자연 밖에서 살아가겠니? 나중에 그 친구가 또 시비를 걸면 이렇게 답해 주렴. 우리 몸 안에 자연이 있다고 말이야."

깨봉이와 꼬미는 깜짝 놀라서 서로를 마주 보았다. 우리 몸에 자연이 있다고? 궁금한 건 참지 못하는 깨봉이가 곧바로 질문했다.

"정말이에요? 우리 몸에 북극도 있고 태평양도 있어요? 어디, 어디요?"

"하하, 눈으로 보려고만 하면 자연을 발견할 수 없어. 자연은 풍경이기도 하지만 운동이기도 하거든. 자연이 움직이는 방법과 몸이 움직이는 방법이 똑같다고 생각하면 돼."

"에이, 무슨 말인지 모르겠어요."

"좀 어렵지? 그래도 차근차근 생각해 보자. 움직인다는 건 한 곳에 있지 않고 자리를 바꾼다는 뜻이잖니. 그러면 자연은 어떻게 변하고 있을까?"

깨봉이는 여전히 이해가 안 되는지 인상을 찌푸렸다. 하지만 꼬미는 복희씨의 말을 이해했다. 북극에 살 때는 시계가 없었기 때문에 자연의 변화에 집중해야 했기 때문이다.

"낮과 밤이요. 조금만 기다리면 해가 지고 밤이 오고, 더 기다리면 다시 해가 뜨고 아침이 와요."
"정확해. 낮과 밤이 번갈아 찾아오는 것은 자연의 기본 운동이야. 또 뭐가 있을까?"
"계절도 있어요. 북극의 계절은 여기처럼 뚜렷하게 변하지 않아서, 처음 남산에 왔을 때 놀랐어요. 사계절이 분명하게 바뀌더라고요."

옆에서 가만히 듣고 있던 깨봉이가 갑자기 뭔가 생각났는지 손을 번쩍 들었다.

"어! 복희씨, 계절과 낮밤의 운동이 닮은 것 같아요. 봄과 여름은 따뜻한 낮과 비슷하고, 가을과 겨울은 해가 진 후 추워지는 밤과 같아요."

"우리 똘똘한 깨봉이와 꼬미가 정답을 다 말했구나. 맞아. 낮과 밤, 봄·여름과 가을·겨울처럼 서로 반대되는 자연 상태를 '음양'(陰陽)이라고 한단다. 따뜻한 것은 양, 추운 것은 음. 활발하게 움직이면 양, 움츠러드는 건 음. 음과 양은 늘 번갈아 가면서 찾아와. 우리 몸이 움직이면 쉬어야 하고, 잠을 자면 다시 일어나야 하는 것과 똑같지."

그때 꼬미가 고개를 갸우뚱했다. 작년 여름, 두꺼운 털 때문에 땀으로 고생했던 기억이 생생했다.

"복희씨, 봄과 여름은 같은 '양'이지만 똑같지 않은데요. 봄에는 여름만큼 땀이 나지 않아요."
"좋은 질문이야! 음양에도 여러 종류가 있기 때문이야. 봄이 오면 자연은 나무 운동을 해. 쭉쭉 뻗고 자라나는 운동이야. 깨봉이와 꼬미가 날마다 달마다 키가 쑥쑥 크는 것도 너희들 몸에 나무의 힘이 있기 때문이지."

꼬미와 깨봉이는 한 번 더 깜짝 놀랐다. 내 몸에 나무가 있기 때문에 키가 자라는구나!

"봄이 지나고 여름이 오면 자연은 어떻게 운동할까? 너희가 한번 맞혀 보렴."

"음… 뜨겁게?"

"맞아, 여름의 자연은 불 운동을 해. 우리 몸에서 불 운동을 하는 곳은 심장이야. 불의 뜨거운 힘으로 한 번도 지치지 않고 쿵쿵 뛰고 있잖니. 이제 이해가 되니?"

"네. 나무는 쑥쑥 자라는 힘! 불은 힘차게 움직이는 힘!"

"가을과 겨울도 마찬가지란다. 둘 다 '음'이지만 똑같지는 않아. 낙엽이 떨어지는 가을은 쇠 운동을 하고, 동물들이 잠을 자는 추운 겨울은 물 운동을 해. 쇠는 날카로운 성질로 뭔가를 끊어 내고 보호하는 힘이야. 우리 몸에서 쇠는 곧 피부란다. 피부는 갑옷처럼 몸 전체를 감싸고 있지. 물은 쇠와 달라. 부드럽게 흘러 다니고, 기운을 저장하고, 하루 종일 일하느라 뜨거워진 몸을 식혀 주지. 물의 힘이 부족하면 잠을 푹 잘 수 없어."

꼬미는 열심히 팔뚝 살을 꼬집어 보았다. 이렇게 말랑말랑한데 쇠처럼 튼튼하게 우리를 지키고 있다니! 깨봉이는 어젯밤에 텔레비전을 보다가 늦게 잔 게 걱정이 되었다. 혹시 내 몸속 물의 힘이 다 사라진 건 아니겠지?

"마지막으로 한 가지가 빠졌어. 흙이야. 흙 운동은 음도 아니고 양도 아니고, 둘 사이에서 서로를 연결해 주는 힘이야. 흙이 없으면 음과 양이 번갈아 가면서 찾아올 수 없어. 자, 이제 우리 몸에 몇 개의 자연이 숨어 있는지 너희들이 말해 볼래?"

"다섯 개요. 나무, 불, 흙, 쇠, 물!"

"잘했어. 아까 싸웠던 그 친구를 다시 만나게 되면 그때는 친절하게 가르쳐 주렴. 꼬미가 살았던 북극도, 지금 우리가 함께 있는 남산도, 매일 잠들고 일어나는 우리 몸도 모두 자연이라고 말이야."

"네!"

힘차게 대답한 깨봉이와 꼬미는 택견 수업을 하러 다시 길을 나섰다. 어느새 풀어진 기분에 둘 다 웃음이 절로 나왔다.

〈술술 동의보감〉

"사계절과 음양의 기운은 만물의 근본이다. 그리하여 성인들은 봄·여름에는 양의 기운을 기르고 가을·겨울에는 음의 기운을 길러서 그 근본을 따랐다. 만물과 더불어 음양이 생(生:태어남)·장(長:자람)·수(收:거둠)·장(藏:저장함)하는 속에서 지냈다."

3장

몸은 왜 아플까?

"자, 오늘 택견 수업은 여기까지 하겠다. 차렷, 인사!"
"감사합니다, 사범님!"

　택견 수업을 끝마친 꼬미와 깨봉이가 공부방 소파에 털썩 앉았다. 수업이 힘들었는지 둘 다 얼굴이 벌겋게 달아올라 있었다. 이제부터는 깨봉이 어머니가 일정을 마치실 때까지 기다려야 했다. 그다음 택견 수업에 들어가야 했던 택견 샘은 할 일이 없는 두 친구를 위해 야생 동물의 삶을 보여 주는 다큐멘터리를 틀어 주고 갔다.
　평화로운 숲속 풍경과 함께 다큐멘터리가 시작됐다. 그

런데 갑자기 배경 음악이 바뀌고, 곰이 토끼를 쫓기 시작했다. 토끼의 눈망울과 곰의 이빨을 보자 깨봉이는 심장이 덜컹 내려앉는 것 같았다.

"안 돼, 토끼야! 도망가, 어서 빨리! 아…. 곰이 토끼를 죽였어. 이럴 순 없어!"

꼬미는 격분하는 깨봉이를 보고 이해할 수 없다는 표정을 지었다.

"저게 뭐가 문제라는 거야? 사냥에 실패하면 저 곰도 굶어 죽을 텐데."

"뭐? 그럼 너도 토끼를 잡아 본 적이 있단 말이야?"

"아니, 북극에 살 때는 한 번도 마주친 적이 없어. 그렇지만 배고플 때 만났다면 나도 사냥을 했겠지. 안 그러면 내가 굶게 될 테니까."

꼬미의 대답에 깨봉이는 더럭 겁이 났다. 꼬미가 북극으로 돌아가지 않았으면 좋겠다고 생각했다.

"꼬미야, 그냥 우리랑 평생 같이 살자. 여기가 더 안전해. 누구를 죽일 필요가 없어. 너도 죽지 않아도 돼!"

"그런가? 그런데 이 동네 지하철 타러 가는 길에 병원이랑 장례식장 있잖아. 거기에는 아프다가 죽는 사람들이 많대. 우리 할아버지도 북극에서 여기저기 아프다고 하시더니 결국 돌아가셨거든. 죽는 건 어디든 누구든 다 똑같은 거 같아."

꼬미의 대답에 깨봉이는 충격을 받았다. 며칠 전 정기검진을 받으러 병원을 갔다 온 아빠 생각도 났다. 깨봉이의 눈에 눈물이 맺히자 꼬미는 화들짝 놀라 미안하다고 사과를 했다. 하지만 한 번 터진 깨봉이의 울음보는 멈출 줄 몰랐다.

"어허허헝, 어떡해…!"

깨봉이의 울음소리에 옆방에서 복희씨가 깜짝 놀라 달려왔다. 꼬미가 자초지종을 설명하자, 복희씨는 핫초코를 타서 두 사람에게 건넸다. 깨봉이가 진정되자 복희씨가 따뜻한 목소리로 말했다.

"꼬미와 깨봉이 참 대단한데? 사는 거, 죽는 거, 아픈 거 모두 중요한 문제인데 누가 가르쳐 주기도 전에 너희들 스스로 질문을 던지잖아. 중요한 질문일수록 생각도 크게 해야 해. 곰, 토끼, 인간, 이렇게 나눠서 볼 게 아니라 더 큰 우주를 생각해 보자."
"우주요? 별과 달이 있는?"

호기심 많은 깨봉이가 고개를 들었다. 깨봉이의 입가는 어느새 초콜릿으로 범벅이 되어 있었다. 옆에 앉아 있던 꼬미가 입을 닦으라며 깨봉이에게 휴지를 건넸다. 복희씨가 설명을 이었다.

"과학자들이 말하길 우주는 원래 아주 작은 점이었대. 그런데 큰 폭발이 일어나면서 지금의 광대한 우주가 생겼다고 해.『동의보감』에도 비슷한 설명이 있어. 원래 우주는 아무것도 드러나지 않는 상태였는데, 이를 '태역'이라고 불러. 이 고요한 상태에서 가장 먼저 움직이기 시작하는 건 기(氣)야. 이때의 우주를 '태초'라고 한단다. 태초의 기가 뭉치면 그때부터는 형태가 생겨나는데, 이게 바로 몸이야. 이 우주는 '태시'라고 불러. 그런데 이렇게 생겨난 몸들이 다 똑같지 않아. 꼬미와 깨봉이의 몸만 봐도 알 수 있어. 꼬미는 곰이고 또 남자애야. 깨봉이는 인간이고 여자애지. 이렇게 서로 다른 성질이 생겨나는 마지막 단계를 '태소'라고 해. 자, 이제 복습해 보자. 깨봉이가 우주가 생겨나는 네 단계를 말해 보렴."

"태역, 태초, 태시, 태소!"

"꼬미는 각 단계를 설명해 봐."

"처음에는 아무 일도 벌어지지 않아요. 그러다가 기가 움직이고, 그다음에는 몸의 형태가 생겨요. 마지막에는 몸의 성질이 생기고요."

"그래, 중요한 이야기는 지금부터야. 세상에 완벽한 형태와 성질을 가진 몸은 없어. 택견 샘은 키가 커서 택견 시범을 보여 주실 때는 멋지지만, 그 때문에 종종 선반에 머리를 부딪히시지? 또 우리 꼬미는 편식 없이 잘 먹어서 건강하지만, 또 너무 많이 먹는 바람에 뱃살이 생겼어. 몸은 모습을 갖추는 순간부터 어쩔 수

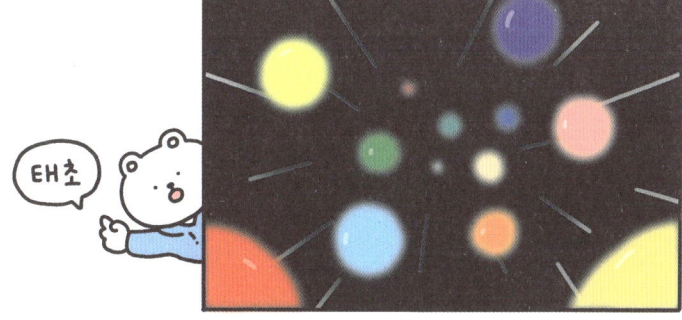

없이 불균형 상태에 놓여. 그래서 몸을 가지고 태어난 것들은 누구나 아프고 또 죽는 거야. 이것이 우주의 법칙이야. 완벽한 균형 상태는 맨 처음 태역인데, 태역 단계에는 몸의 형태도 성질도 없잖니. 너희들은 아픈 걸 피하기 위해 작은 점으로 돌아가고 싶니?"

깨봉이와 꼬미는 세차게 고개를 저었다. 아프더라도 몸이 없는 것보다는 낫다는 생각이 들었기 때문이다. 그렇지만 깨봉이의 얼굴에 불평의 기색이 떠올랐다.

"그러면 어떡해요? 아프면 그냥 아프고, 죽으면 그냥 죽을 수밖에 없는 거예요?"

"아픔을 피할 수는 없지만, 잘 아플 수 있는 방법은 있어. 이 방법은 자연에서 찾아야 해. 내가 지난번에 우리 몸이 곧 자연이라고 했는데, 혹시 기억나니?"

"네. 우리 몸에 나무, 불, 흙, 쇠, 물이 있다고 하셨어요."

"그래, 이 다섯 가지 자연을 '오행'(五行)이라고 부른단다. 오행 안에는 편한 사이도 있고 불편한 사이도 있어. 편한 사이는 서로를 도와주고, 불편한 사이는 어려움을 줘. 그런데 자연이 건강하려면 양쪽 사이에서 적절한 균형을 잡는 게 필요해. 예를 들어 볼

게. 불이 잘 타려면 불을 도와주는 나무와 불을 공격하는 물 모두가 필요해. 물이 너무 세서 불이 없어지면 온 세상이 추워지겠지만, 또 물을 없애면 불이 너무 커져서 산불이 날 테니까. 토끼와 곰의 사이도 마찬가지야. 곰이 토끼를 적절히 잡아먹지 않는다면 토끼의 수가 점점 많아지면서 토끼가 숲속의 풀을 다 뜯어 먹을 테지. 풀이 사라지면 그땐 토끼도 사라지게 될 거야."

"아하! 정말 그래요! 중요한 건 균형을 잡는 거예요!"

꼬미가 눈을 반짝이며 외쳤다. 곰이 토끼를 사냥하는 게 이상한 일이 아니라는 걸 깨봉이에게 설명할 수 없어서 답답했는데, 복희씨 설명을 듣자 이해가 쏙쏙 되었다.

"우리 몸도 마찬가지야. 편한 관계와 불편한 관계 사이에서 균형을 잡아야 해. 우리 몸은 태어날 때부터 생긴 불균형보다 나쁜 생활 습관 때문에 생기는 불균형이 더 많거든. 편한 거, 부드러운 거, 맛있는 거, 내가 좋아하는 것만 쫓다가는 크게 아프게 돼. 깨봉이도 지금처럼 치킨 먹고 싶다고 엄마에게 매일 떼를 써서는 안 돼. 다큐멘터리에 나온 토끼 한 마리가 불쌍해서 엉엉 우는 깨봉이인데, 불쌍한 닭을 그렇게 많이 잡아먹어서야 되겠니?"

복희씨의 날카로운 지적에 깨봉이가 갑자기 먼 곳을 보며 딴청을 부렸다. 그 모습에 꼬미는 참지 못하고 깔깔 웃음을 터뜨렸다. 그날 복희씨와 두 친구는 사이좋게 소파에 앉아서 다큐멘터리를 끝까지 보았다.

〈술술 동의보감〉

"태역은 기운이 아직 드러나지 않은 것이고, 태초는 기운이 시작되는 것이다. 태시는 형체의 시작이며 태소는 성질의 시작이다. 형체와 기운이 갖추어진 뒤에는 아(痾)가 되는데 '아'라는 것은 피로한 것이고 피로한 것은 병이다. 사람의 생명은 태역에서 시작되고 병은 태소에서 시작된다."

4장

오장五臟은 무슨 일을 할까?

깨봉이와 꼬미가 택견장에 벌러덩 드러누워 재잘재잘 수다를 떨고 있다. 둘 다 택견 수업 시간보다 일찍 도착한 터라 택견 샘을 기다리는 중이었다. 그때 택견 샘이 휴대폰을 손에 들고 씩씩대며 들어왔다.

"이거 정말 화나네! 오장육부가 다 뒤집힐 노릇이다."
"사범님, 무슨 일이세요?"
"꼭 만나야 할 친구가 있는데 그 친구가 약속을 벌써 세 번째나 어겼어. 어휴, 어서 수업이나 하자. 이크 에크!"

택견 샘의 구령에 맞추어 깨봉이와 꼬미가 품밟기를 시작했다. 그러나 깨봉이는 좀처럼 집중하지 못했다. 택견 샘이 방금 말한 '오장육부'가 무슨 뜻인지 궁금했기 때문이다.

'오장육부가 뭐지? 음식 이름인가? 오징어 육수랑 비슷한 말이네.'

"깨봉이, 집중해라! 동작이 흐트러지잖니."

택견 수업을 마치고 나니, 복희씨가 택견장 바깥에서 모두를 기다리고 있었다. 택견 샘과 택견 꿈나무 둘에게 점심을 사 주시겠단다.

"얘들아, 뭐 먹고 싶니? 특히 우리 '맛·잘·알' 깨봉이는 먹고 싶은 음식이 따로 있겠지?"
"오장육부요."
"뭐라고?"

복희씨와 택견 샘의 눈이 휘둥그레졌다. 자신이 한 말에 놀란 깨봉이의 얼굴이 빨개지고 말았다. 직전까지 '오장육부' 생각만 한 까닭에 급작스럽게 말이 튀어 나갔던 것이다.

"죄송해요, 말이 잘못 나왔어요. 아까 사범님이 오장육부가 뒤집힌다고 그러셔서 그게 무슨 뜻인지 궁금했거든요."
"아이고, 택견 수업 때 나한테 물어보지 그랬어. '장'과 '부'는 우리 몸속의 창자를 뜻해. '오'와 '육'은 숫자를 뜻하고. 오장육부가 뒤집히면 얼마나 기가 막히겠니? 그래서 너무 화가 나는 일이 생기면 '오장육부가 뒤집힌다'라고 말하는 거야."
"우와, 다섯 개에 여섯 개를 더하면 열한 개네요? 그럼 사람은 창자가 열한 개나 있어요?"

먹보 꼬미가 흥분해서 물었다. 창자가 많으면 음식도 더 많이 먹을 수 있겠다는 생각을 한 것이다.

"어…. 그, 글쎄, 그렇게 많지는 않은 것 같은데. 자세한 건 복희씨께 여쭤보자…."

옆에서 대화를 듣고 있던 복희씨가 깔깔 웃으면서 대화에 끼어들었다.

"택견 샘이 설명을 잘하다가 한 가지를 헷갈리셨네. '창자'와 '오장육부'는 같은 말이 아니야. 창자는 소장과 대장을 합쳐서 부르는 말이고, 소장과 대장에 다른 네 개의 장기를 더해야만 '육부'가 돼. '오장'은 또 다른 장기 다섯 개를 묶어서 부르는 말이고. 그런데 창자 이야기가 나왔으니 우리 순대 먹으러 갈까? 떡볶이와 어묵도 같이 시키자."

다들 좋다고 환호성을 질렀다. 분식집에 가는 길에 복희씨는 오장육부에 대한 설명을 계속했다.

"오장육부는 우리 몸의 정/기/신을 책임지고 있는 아주 중요한 장소야. 장(臟)과 부(腑)를 구분하는 법은 쉬워. 오장은 차 있고 육부는 비어 있어. 육부는 비어 있기 때문에 바깥에서 들어오는 음식물을 받아들일 수 있는데, 이때 음식에서 빠져나온 정기가 오장에 꼭꼭 저장되는 거야."
"오장에는 무슨 장기가 있나요?
"간, 심장, 비장, 폐, 신장. 이렇게 총 다섯 개가 있지."

깨봉이는 이 이름들이 익숙하다는 사실을 깨달았다. 얼마 전 학교 과학 시간에 몸에 대해 공부했던 내용이 생각난 것이다.

"저 이 장기들을 공부한 것 같아요! 심장은 가슴 한가운데 있고, 폐가 심장을 감싸고 있지 않나요?"

"맞기도 하고, 아니기도 해.『동의보감』에서는 가슴에 있는 심장만 심장이라고 부르는 게 아니라, 심장의 기운을 따라가는 모든 몸의 운동을 일컬어 '심장'이라고 하거든.『동의보감』맨 앞에는 「신형장부도」라는 몸 그림이 하나 실려 있는데, 깨봉이가 학교에서 본 그림이랑은 많이 다를 거야. 장기의 정확한 위치보다 장기의 기운을 표현하기 때문에 그래."

"그런데 정기를 저장하는 장기가 왜 다섯 개나 필요한 거죠? 기운이 다 다른 건가요?"

옆에서 경청하던 택견 샘이 슬쩍 질문을 했다. 복희씨는 좋은 질문이라며 박수를 쳤다.

"맞아! 오장이 정기를 저장한 후에 하는 일이 달라. 자연의 오행이 함께 또 다르게 움직이는 것처럼 오장도 서로 친하게 지내기도 하고, 견제하기도 해. 그렇게 몸의 균형을 맞추는 거지."

"맞아요! 사범님, 자연이 어떻게 움직이는지 아세요? 나무, 불,

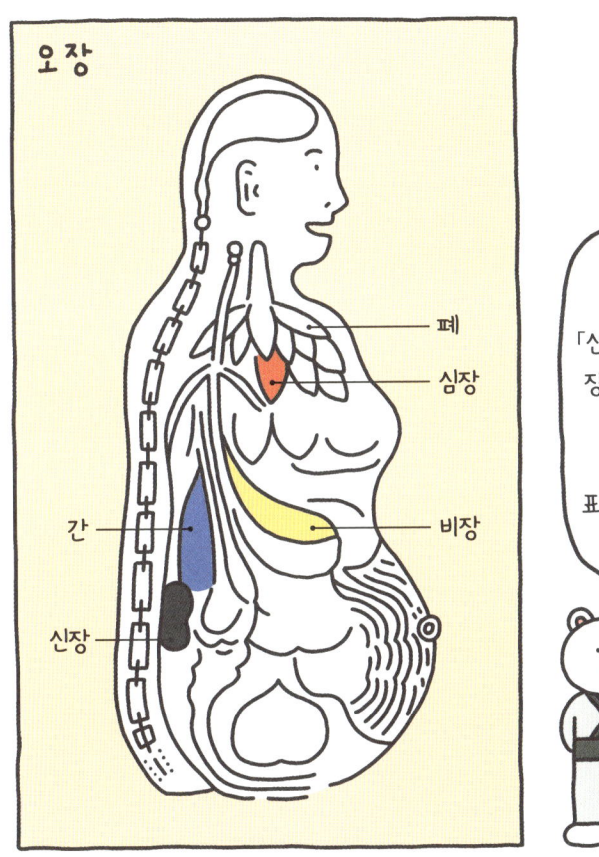

물의 운동을 한대요."

"흙이랑 쇠가 빠졌잖아~ 흙에 쇠까지 더해서 다섯 개예요, 사범님!"

깨봉이와 꼬미가 질세라 번갈아 가며 택견 샘에게 말을

걸었다. 복희씨는 그 모습을 기특하게 쳐다보고는 다시 설명을 이어 갔다.

"예를 들어 줄게. 간은 쭉쭉 뻗는 나무 운동을 해. 간 덕분에 몸은 근육에 힘을 줄 수 있고, 몸 여기저기에 뭉친 피로를 흩어 버릴 수 있어. 심장의 운동은 사방으로 퍼지는 불을 따라가. 심장의 뜨끈한 열기는 피를 타고 몸 구석구석으로 퍼져서 체온을 유지한단다. 그다음은 비장인데, 비장 덕분에 우리는 여러 가지 음식을 먹어도 소화 불량에 걸리지 않아. 모든 걸 잘 섞는 흙 운동을 하기 때문이야."

복희씨가 설명하는 동안 깨봉이는 옆에서 손가락을 하나씩 꼽으면서 오행을 셌다. 택견 샘은 새로 배우게 된 내용에 감탄하면서 어느새 복희씨의 말에 아이들보다 더 집중하고 있었다.

"몸은 정말 대단한 세계네요. 저는 줄곧 택견을 해왔지만 몸 안에서 무슨 일이 벌어지는지는 몰랐어요. 그럼 오장 중에서 어떤 장기가 쇠와 물의 운동을 하나요?"
"쇠 운동을 하는 장기는 폐야. 쇠에는 딱딱한 갑옷처럼 몸을 지키는 힘이 있지. 폐를 통해서 바깥 공기가 끊임없이 우리 몸을 들락날락하는데, 이때 나쁜 기운이 침입하지 않도록 폐가 안전하게 몸 전체를 보호해. 마지막으로 물 운동은 신장이 맡고 있어. 신장은 온몸의 물을 총괄하는 관리자야. 우리 몸에 물이 참 많지? 혈액, 진액, 오줌….”

복희씨가 오줌 이야기를 하자 깨봉이와 꼬미가 눈을 맞추며 짓궂게 낄낄 웃었다.

“에이 더러워!”
“이만하면 감이 오니? 오장이 우리 몸에서 얼마나 중요한 일들을 하고 있는지 말이야.”

복희씨의 설명에 다들 고개를 끄덕였다. 깨봉이는 몸 안의 오장육부가 오징어 육수에 비할 수 없게 멋지다는 생각에 기분이 들떴다. 택견 샘은 앞으로 오장육부가 뒤집힌다는 말을 쉽게 하면 안 되겠다고 남몰래 다짐했다.

“그러면 육부는요? 육부는 음식물을 받는 곳이라면서요. 어떤 곳일지 궁금해요!”

먹는 것이라면 사족을 못 쓰는 꼬미가 눈을 빛내며 설명을 재촉했다. 그러나 복희씨는 대답이 없었다. 이미 분식집에 도착했기 때문이다. 꼬미 못지않게 음식을 사랑하는 복희씨가 분식집 문을 활짝 열며 말했다.

"잠깐! 여기서 스톱. 육부는 점심 먹으면서 이야기하자. 먼저 우리의 오장육부부터 행복하게 만들어 주자고!"

〈술술 동의보감〉

"장부를 음과 양으로 나누자면, 장은 음이 되고 부는 양이 된다. 간(肝)·심(心)·비(脾)·폐(肺)·신(腎)의 오장은 모두 음이고, 담(膽)·위(胃)·소장(小腸)·대장(大腸)·방광(膀胱)·삼초(三焦)의 육부는 모두 양이다."

> 5장

육부六腑는 무슨 일을 할까?

"순대, 떡볶이, 어묵 나왔습니다. 맛있게 드세요!"

분식집 테이블에 둘러 앉아 있던 깨봉이, 꼬미, 택견 샘, 복희씨는 주문한 음식이 나오자 반색을 하며 식기를 들었다. 모두 배가 고팠던 것이다. 그때 깨봉이가 젓가락에 떡볶이를 꽂고서 크게 소리쳤다.

"육부야, 떡볶이 들어간다. 문 열어라~!"

복희씨와 택견 샘은 깨봉이의 귀여운 말솜씨에 크게 웃

었다. 그런데 꼬미만 깨봉이의 말에 반응이 없었다. 떡볶이를 쉼 없이 먹느라 고개조차 들지 못했던 것이다. 꼬미의 하얀 목덜미는 순식간에 빨간 떡볶이 국물로 범벅이 되어 있었다. 택견 샘이 혀를 끌끌 차며 꼬미를 화장실로 데려가고, 그 사이 복희씨는 깨봉이에게 말을 걸었다.

"깨봉이는 몸 공부하는 게 재미있니?"
"네! 요즘 학교 과학 시간에도 몸을 공부하고 있거든요. 그런데 복희씨가 들려주시는 『동의보감』의 몸 이야기는 학교에서 배우는 몸과 또 달라요. 그래서 더 재미있는 것 같아요."

복희씨가 깨봉이를 사랑스럽다는 듯이 바라보며 질문했다.

"그러면 깨봉이가 혼자 생각해 볼 수 있겠니? 음식물을 받아들이는 육부에는 어떤 장기들이 있는지 말이야."
"음…. 학교에서 배웠는데, 음식을 꿀꺽 삼키면 식도라는 길을 통과한대요. 식도는 음식 주머니와 연결되어 있는데 이 주머니를 위장이라고 한대요. 여기가 육부 아닐까요?"

그때 꼬미가 깨끗해진 모습으로 택견 샘과 함께 화장실에서 돌아왔다. 꼬미는 깨봉이의 말을 듣자마자 얼른 대화에 끼어들었다. 음식을 사랑하는 꼬미는 아까부터 오장보다 육부가 더 궁금했던 것이다.

"아까 복희씨가 창자도 육부라고 하셨던 것 같은데? 창자에는 소장과 대장이 있잖아."
"위장, 소장, 대장이면 장기가 세 개네. 근데 육부는 여섯 개여야 하는 거 아닌가?"

깨봉이가 질문하자 꼬미의 고개가 갸우뚱해졌다. 둘은 도움을 청하려고 택견 샘을 빤히 바라보았지만, 역시 정답을 몰랐던 택견 샘은 떡볶이를 빠르게 집어 먹으며 복희씨를 쳐다보았다. 복희씨가 웃으면서 이번에도 택견 샘을 곤경에서 구해 주었다.

"육부의 나머지 장기들은 너희들이 생각해 내기 조금 어렵긴 해. 하나는 담낭이라고 하는데, 간 뒤에 딱 달라붙어 있는 조그만 주머니 모양의 장기야. 또 다른 장기는 방금 꼬미가 다녀온 화장실과 관련이 있어. 뭔지 알겠니?"

꼬미와 깨봉이가 자기들끼리 눈을 맞추며 킥킥 웃고는 동시에 대답했다.

"똥!"
"땡. 정답은 오줌이야. 똥이 만들어지는 장기는 대장인데 그건 이미 꼬미가 말했잖아. 오줌은 방광이라는 장기에 보관되었다가 때가 되면 몸 밖으로 나가. 물도 음식이기 때문에 물을 처리하는 방광도 육부에 속하지."

장난기가 발동한 깨봉이는 꼬미에게 귓속말로 '오줌보래, 오줌보'라고 했다. 꼬미는 그 말을 듣고 자지러지게 웃었다. 어수선한 와중에 복희씨는 육부에서 마지막으로 남은 장기를 소개했다.

"육부의 마지막 장기는 삼초야. 이 장기는 쉽게 말해서 '길'이야. 음식과 물에서 얻어진 정기가 몸 구석구석에 전달될 수 있도록 길을 터 주거든. 그래서 삼초는 좀 특별하단다. '여기'가 삼초다, '이것'이 삼초다라고 정확히 말할 수 없어. 우리가 항상 길 위로 다니지만 정작 그 길이 어떤 모습인지는 알기 어려운 것과 비슷하지."

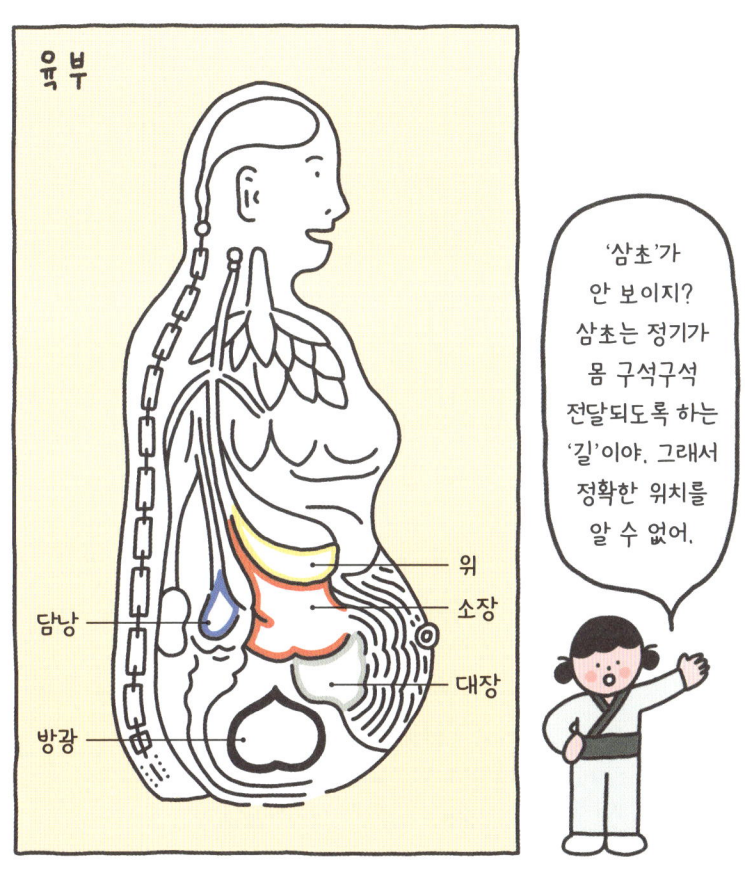

"육부도 오장처럼 자연의 운동을 따라가나요? 물, 불, 흙, 이렇게요?"

이번에는 택견 샘이 씹고 있던 순대를 꿀꺽 삼키더니 질문했다. 어느새 택견 샘도 어린 친구들 못지않게 『동의보감』 공부에 푹 빠져 있었다.

"맞아, 육부에도 자연의 오행이 들어 있어. 음식물이 처음 들어오는 위장은 흙의 기운을 품고 있어. 흙이 자연의 모든 것을 받아들이는 것처럼, 텅 빈 위장에도 온갖 종류의 음식이 도착해. 이곳에서 음식물은 잘게 부수어지고 부드러워진단다. 그 후 음식은 소장으로 넘어가는데, 이곳에서는 불 운동이 일어나. 어둠을 환히 밝히는 불처럼 소장은 탁한 음식과 맑은 음식을 정확하게 분별해 내고, 몸에 꼭 필요한 물질들만 골라서 흡수해. 그래야 정기가 모일 테니까. 마지막으로 음식이 도착하는 장소인 대장은 쇠의 힘을 써. 단단하게 굳히는 쇠의 힘으로 음식 찌꺼기를 모아 똥을 만들지."

"복희씨, 아직 담낭, 방광, 삼초가 남았어요."
"물과 나무도 빠졌어요!"

깨봉이와 꼬미가 큰 소리로 말했다. 막 배운 육부와 오행의 지식을 자랑하고 싶었던 것이다. 급하게 말하는 바람에, 아직 다 씹지 않은 떡볶이 조각이 그만 입 밖으로 튀어나왔다.

"얘들아, 음식을 다 삼킨 후에 말을 해야지! 그리고 식당에서 너무 크게 이야기하면 다른 손님들께 방해가 된단다."

"죄송합니다."

복희씨의 지적에 둘은 입을 합 다물었다.

"너희들 말이 맞아. 간 뒤에 딱 붙어 있는 담낭은 간처럼 나무의 힘을 타고 났어. 나무가 흙을 뚫고 나오는 모습처럼, 간과 담의 쭉쭉 뻗는 기운 덕분에 위장도 시원하게 음식을 소화할 수 있어. 물의 기운을 따르는 장기는 방광인데, 이건 이해하기 쉽지? 방광이 하는 일은 정기가 다 빠진 물을 모았다가 오줌으로 내보내는 거야."

"그럼 삼초는요? 흙, 불, 쇠, 나무, 물 모두 육부에 들어가 있는데, 삼초만 아직 오행이 없어요."

깨봉이가 얼른 끼어들었다. 깨봉이는 복희씨가 오행을 설명할 때마다 항상 손가락으로 숫자를 셌다. 다섯 개의 자연 중 하나라도 빼먹지 않기 위해서다.

"삼초는 불의 힘을 가지고 있어. 그런데 이 불은 심장이나 소장에서처럼 오래도록 타오르는 불과는 달리, 뿌리 없이 화끈하게 타 올랐다가 꺼지는 불이야. 그래서 '상화'(相火)라는 이름도 따로 가지고 있지. 일단 이 정도만 기억해 둬도 아주 훌륭해."
"우와. 진짜 신기하다. 같은 불이어도 성격이 다른가 봐."

꼬미가 감탄했다. 그때 깨봉이가 볼록 나온 꼬미의 배를 보고는 킥킥 웃더니 "꼬미네 육부야, 떡볶이가 들어가서 행복하니?"라며 꼬미의 배를 통통 두드렸다. 복희씨는 못 말리겠다며 고개를 절레절레 흔들고는, 젓가락을 들었다.

"어휴, 드디어 설명이 끝났다. 이제 나도 제대로 먹어 볼까?"

말을 마침과 동시에 복희씨는 깜짝 놀랐다. 접시가 어느새 깨끗하게 비어 있었다. 복희씨가 열심히 육부에 대해 설명하는 동안 꼬미와 깨봉이, 택견 샘이 음식을 전부 먹어 버렸던 것이다.

"이럴 수가, 내 떡볶이!"
"앗, 복희씨! 제가 떡볶이 한 접시 더 시켜 드릴게요!"

황당한 얼굴로 빈 접시들을 바라보는 복희씨를 본 택견샘은 당황한 듯 허둥지둥 직원을 불렀다. 그 모습을 본 꼬미와 깨봉이는 배꼽을 잡고 웃었다.

"하하하, 복희씨 배에서 꼬르륵 소리가 나요!"

⟨술술 동의보감⟩

"오장은 정(精)·신(神)·혈(血)·혼(魂)·백(魄)을 간직하고, 육부는 음식물을 소화시키고 온몸에 진액을 돌게 한다."

6장
너무 기쁘거나 슬픈 것도 병일까?

"아이, 추워!"

　깨봉이가 몸을 부르르 떨면서 감이당 건물 안으로 뛰어들어왔다. 오늘은 택견 수업이 없는 날이지만 꼬미와 놀고 싶어서 일부러 감이당에 들른 것이다. 깨봉이는 바깥바람이 너무 쌀쌀해서 밖에서 놀기는 틀렸다고 생각했다. 추위를 많이 타는 깨봉이는 여름이 더 좋았다.
　'꼬미는 당연히 겨울이 더 좋겠지? 꼬미의 털은 내 외투보다 더 두꺼우니까. 게다가 한국의 겨울은 꼬미에게 별로 춥지도 않을 거야. 북극은 사시사철 추운 곳이라잖아.'

깨봉이는 감이당을 두리번거리며 꼬미를 찾았다. 그런데 꼬미가 보이지 않았다. 꼬미가 공차기 연습을 하는 택견장에도, 간식을 찾아 먹는 카페에도, 선생님들 사이에 앉아서 종종 책을 읽는 공부방에도 꼬미는 없었다. 마지막으로 옥상을 찾아보려고 계단으로 향하던 와중, 깨봉이는 복도의 구석진 소파에서 작은 그림자를 발견했다.

"꼬미야! 너 여기서 뭐해? 어디 아픈 거야?"
"안녕, 깨봉아…. 나 어제부터 기운이 없어. 잠도 안 와서 뜬눈으로 밤을 새웠어."

소파에 웅크린 채 누워 있던 꼬미가 힘없는 목소리로 대답했다.

"감기 걸린 거야? 북극곰도 감기에 걸리나?"
"모르겠어…."

더럭 겁이 난 깨봉이는 공부방으로 뛰어 들어갔다. 복희씨에게 도움을 청하기 위해서였다. 꼬미가 아프다는 말에 복희씨도 놀라서 약 상자를 들고 꼬미에게로 향했다.

체온계를 겨드랑이 아래에 대어 보니 체온은 정상이었다. 기침도 없고, 콧물도 없었다. 복희씨가 물었다.

"꼬미야, 어제부터 아팠다고 했지? 어제 혹시 무슨 일 있었던 거니?"

"아뇨, 별일 없었어요. 택견 샘이랑 남산 산책한 게 다예요."

"산책 때 무슨 이야기를 나눴어?"

"택견 샘이 북극에 대해 물어보셨어요. 북극의 날씨가 한국 겨울보다 더 추운지, 북극곰들은 겨울을 어떻게 나는지 같은 거요. 그랬더니 북극에서 한국으로 오게 된 날이 다시 생각났어요."

꼬미가 울컥한 목소리로 말을 이어 갔다.

"북극이 따뜻해지면서 점점 많은 빙하가 녹아내렸는데, 하필 제가 서 있던 자리의 빙하가 뚝 떨어져 나갔어요. 멀리 있던 엄마와 아빠가 저를 구하기 위해 달려오셨지만, 빙하가 떠내려가는 속도가 너무 빨랐어요. 부모님의 모습이 순식간에 멀어지면서 점처럼 보이더라고요."

복희씨는 잠시 생각하더니, 꼬미의 치료제를 가져오겠다며 나갔다. 그러고는 노트북을 가져와 만화영화 하나를 틀어 주었다. 주인공인 아기 곰이 용감하게 집을 떠나 홀로 살기에 도전하면서, 그 과정에서 온갖 우스운 사건 사고에 휘말리는 내용이었다. 꼬미는 처음에는 영화를 볼 의욕이 없었지만, 옆에서 깔깔대는 깨봉이의 웃음소리에 전염되어 점점 크게 웃기 시작했다. 만화영화가 끝나자 꼬미가 말했다.

"깨봉아, 나 기분이 훨씬 좋아졌어. 몸도 더 가벼운걸. 이제는 아프지 않은 거 같아!"

"우와, 진짜 신기하다! 복희씨 말씀대로 만화영화가 치료제였나 봐. 도대체 널 어떻게 치료하신 걸까?"

꼬미와 깨봉이는 공부방으로 쪼르르 달려가 복희씨에게 비법을 물었다. 복희씨가 대답했다.

"꼬미의 병명은 '슬픔'이었어. 북극을 그리워하는 마음이 강해져서 슬픔이 되고, 그게 몸의 병으로 나타난 거야. 슬픔을 흩어 버리기 위해 너희가 실컷 웃을 수 있는 만화영화를 틀어 준 거야."

복희씨의 설명에 깨봉이가 고개를 갸우뚱했다.

"슬픔이 병이에요? 저는 엄마가 초콜릿을 간식으로 주지 않으실 때 슬프지만 그때마다 꼬미처럼 아프지는 않았는데요."
"슬픔이 곧바로 병이 되는 건 아니야. 감정은 수시로 바뀔 수 있으니까. 우리 모두 사소한 일로 쉽게 슬퍼했다가, 또 기뻐했다가 하지 않니? 문제는 감정이 지나치게 강해질 때야. 지나친 감정은 정/기/신 중에서 신을 상하게 해. 슬픔뿐만 아니라 분노, 기쁨, 고민, 두려움 같은 감정도 마찬가지야. 그러면 필연적으로 몸에 이상이 나타난단다. 꼬미가 어젯밤에 잠을 못 잔 것처럼 말이야."

새롭게 알게 된 사실에 꼬미와 깨봉이는 크게 놀랐다. 몸이 아파서 기분이 안 좋아질 수는 있어도, 거꾸로 마음 상태가 몸 상태를 바꿀 수 있다는 생각은 못 해 본 것이다. 꼬미가 물었다.

"몸과 마음이 연결되어 있다는 말씀이세요?"

"당연하지. 몸도 마음도 다 자연에서 온 것 아니겠니? 몸이 망가지면 마음도 망가지고, 마음이 망가지면 몸도 망가지는 거야. 특히나 감정은 우리가 일상에서 하루가 멀다 하고 자주 경험하는 마음 상태야. 그렇다 보니 병으로 발전할 수 있는 가능성이 클 수밖에 없지."

"슬프면 어디가 아프게 되나요?"

"슬픔은 폐와 연결되어 있어. 폐가 아프면 기가 잘 통하지 않게 돼. 그러면 기력이 딸리고 밤에 누워도 푹 쉴 수가 없어. 그 밖의 감정들도 밀접하게 연결된 장기가 다 있어. 빠르게 질주하는 분노는 간과 연결되고, 사방으로 퍼지는 기쁨은 심장과 관련되어 있어. 꼭꼭 씹어서 생각해야 하는 고민은 비장과, 그리고 위협을 느끼는 두려움은 생명의 정수가 담긴 신장과 관련이 있단다."

깨봉이가 겁먹은 목소리로 복희씨에게 말했다.

"복희씨, 그렇다면 감정을 느끼지 않는 편이 더 나을 것 같아요. 아프기 싫은걸요."

"그런데 어쩌지? 자연스러운 감정을 억누르는 것도 병이 되는걸. 만약 꼬미가 북극을 그리워하는 마음을 무조건 참기만 한다면, 그 숨은 감정이 꼬미의 몸속에서 조용히 병을 키울 거야."

복희씨의 말에 꼬미의 얼굴이 다시 어두워졌다. 복희씨는 꼬미의 손을 꼭 잡아 주었다.

"꼬미가 아주 어려운 상황에 놓여 있다는 걸 잘 알고 있단다. 이토록 어린 나이에 집을 떠나 부모님과 떨어져 산다는 게 얼마나 힘든 일이니? 꼬미의 마음에 여러 감정이 섞여 있을 거야. 환경 파괴를 일삼으며 북극을 망치는 인간들에 대한 분노도 있을 테고. 낯선 땅에서 살아가는 데 대한 두려움도 당연히 있겠지. 이런 감정들은 모두 자연스러운 거야."

복희씨의 말에 깨봉이도 꼬미의 손을 꼭 잡아 주었다. 복희씨는 그런 둘을 따뜻한 눈으로 바라보고는 말을 이어 갔다.

"대신 꼬미의 마음이 감정에 다 잡아먹히지 않도록 적당하게 조절해 보렴. 힘들 때는 우리에게 털어놓고, 깨봉이와 신나게 놀면서 기분 전환도 해봐. 가장 중요한 건 꼬미가 건강하고 행복하게 사는 거니까. 이 사실을 잊지 않을 수 있겠니?"

"네, 복희씨. 다시 기운 차려 볼게요."

"꼬미야, 그러면 우리 이제 공놀이 하러 가자!"

"그래!"

두 꼬마들은 우당탕탕 공부방을 뛰쳐나갔다. 복희씨도 원래 하던 공부로 되돌아갔다. 창밖에는 북극과 닮은 흰 눈이 내리고 있었다.

〈술술 동의보감〉

"칠정(기쁨, 노여움, 슬픔, 즐거움, 사랑, 미움, 욕심의 일곱 가지 감정)이 지나치면 사람을 상하게 하지만, 그중에서도 분노가 가장 심하다. 화를 내면 간의 목 기운이 비위의 토 기운을 누르는데, 비위가 상하면 나머지 네 개의 장도 모두 상한다."

7장

얼굴은 왜 중요할까?

"어휴…."

깨봉이의 한숨 소리가 감이당 복도에 울려 퍼졌다. 깨봉이는 소파에 앉아서 한참 들여다보던 패션 잡지를 덮었다. 꼬미는 깨봉이 옆에 앉아서 야생 동물 사진집을 보는 중이었다. 한국 땅에는 어떤 동물 친구들이 사는지 알아가는 게 재미있었다. 그렇지만 깨봉이의 한숨이 꼬미의 집중력을 자꾸 흐트러뜨렸다. 듣다 못한 꼬미가 말했다.

"깨봉아, 땅 꺼지겠어. 너 책 안 볼 거면 한숨 그만 쉬고 나랑 나가서 축구하자."

"나 아무래도 안 되겠어. 지금부터 열심히 저금할래. 그러면 어른이 돼서 성형 수술받을 만큼의 돈은 모을 수 있을 거야."

"뭐? 성형이라고?"

꼬미가 깜짝 놀라 고개를 돌렸다. 안 그래도 깨봉이가 요즘 통 이상했다. 거울을 한참 들여다보질 않나, 오이를 들쭉날쭉 잘라 오더니 피부가 중요하다면서 얼굴에 붙여 달라고 부탁하질 않나. 지금은 또 성형을 하겠단다.

"너 솔직히 말해 봐. 그때 멋있다고 했던 너희 반 남자애한테 잘 보이려고 지금 이러는 거야?"

"꼬, 꼭 그런 건 아냐! 뭐, 꼭 안 그런 것도 아니지만…."

깨봉이는 새빨개진 얼굴을 푹 숙이며 대답했다. 꼬미가 야생 동물 사진집을 덮고 깨봉이를 보며 말했다.

"어휴, 깨봉아, 쓸데없는 걱정이야. 우리 엄마가 그러셨는데, 여자가 인기 있으려면 바다표범 두세 마리쯤은 단숨에 사냥할 만큼 힘이 세야 한대. 그러니까 안심해. 넌 바다표범은 못 잡지만 팔뚝은 엄청 두껍잖아."

꼬미의 말에 깨봉이가 얼굴을 번쩍 들었다. 이제는 화가 나서 얼굴이 새빨개져 있었다.

"야, 나는 북극곰이 아니잖아! 나를 똑바로 봐 봐. 내 눈은 너무 작고 코는 납작해. 입이랑 귀는 너무 큼지막해. 잡지에 나오는 언니들이나 텔레비전 속 배우들은 이렇게 안 생겼단 말이야."

그때 갑자기 새로운 목소리가 둘의 대화에 끼어들었다.

"듣고 보니 우리 깨봉이는 정말 건강한 외모를 지녔구나."

꼬미와 깨봉이는 목소리가 들린 쪽으로 동시에 고개를 돌렸다. 복희씨가 서 있었다. 아까 전부터 두 친구의 대화를 듣고 있었던 모양이었다. 깨봉이는 날이 선 목소리로 말했다.

"복희씨도 지금 꼬미처럼 저를 놀리시는 거예요?"
"아닌데? 오히려 내가 궁금하네. 깨봉이는 얼굴이 뭐라고 생각하는 거니?"
"얼굴은 간판이에요. 그 사람이 예쁜 사람인지 아닌지 판단되는 장소요."
"오호라, 제법 말솜씨가 있구나. 그래도 『동의보감』은 그렇게 생각하지 않을 것 같은데?"

깨봉이는 의심쩍은 표정을 지었다. 복희씨가 자신을 회유하기 위해 『동의보감』을 이야기하는 건지, 아니면 정말 얼굴이 건강과 관련이 있는 건지 확신이 서지 않았다. 꼬미가 먼저 나서서 물었다.

"『동의보감』에서 얼굴도 이야기해요?"

"그럼, 얼굴이 우리 몸에서 얼마나 중요한 장소인데. 조금 뜬금없는 소리 같겠지만, 너희 혹시 우리 몸에 구멍이 몇 개인지 생각해 본 적 있니?"

"네? 몸에 구멍이 뚫리면 죽을 것 같은데요."

"아니, 정반대지. 구멍이 없으면 몸은 죽게 돼. 예전에 우리 몸도 자연이라고 했지? 몸 안의 자연은 몸 밖의 자연과 계속 소통해야 살 수 있어. 그런데 몸에 아무런 구멍도 없이 꽉 막혀 있으면 어떻게 바깥과 연결되겠니?"

숫자 세기를 좋아하는 깨봉이는 곧바로 생각에 잠겼다. 복희씨의 말을 듣고 보니 정말 몸 여기저기에 구멍이 있었다. 코에도 구멍이 있고, 귀 양쪽에도 구멍이 있다. 생각해 보니 입도 구멍이었다. 거기에 똥과 방귀가 나오는 구멍과 오줌이 나오는 구멍도 더해야 했다. 생각을 마친 깨봉이는 복희씨를 불렀다.

"정답! 입 하나, 콧구멍 두 개, 귓구멍 두 개, 똥구멍과 오줌 구멍. 나 합치년 일곱 개예요."

"똥구멍이 아니라 항문, 오줌 구멍이 아니라 요도라고 해야지.

그래도 거의 맞혔는걸? 아직 두 개가 빠져 있긴 하지만."

깨봉이가 어리둥절한 표정으로 물었다.

"네? 구멍이 또 어디 있어요?"
"눈구멍! 눈알을 쏙 빼면 거기에도 구멍이 두 개가 있잖아. 해골을 떠올려 봐."

깨봉이가 설명이 너무 잔인하다며 아우성을 쳤다. 꼬미는 해골을 상상해 보다가 무서워서 몸을 부르르 떨었다. 복희씨는 두 친구를 놀리는 재미에 키킥 웃고는 설명을 이어 갔다.

"이 아홉 개의 구멍들은 우리 몸에 난 창문이야. 창문이 없는 집을 생각해 봐. 얼마나 답답하겠니? 집에 창문이 잘 나야 통풍도 잘 되는 것처럼, 몸이 건강하려면 구멍들이 잘 열리고 닫혀야 해. 구멍 안으로 들어온 세상의 기운이 몸을 튼튼하게 하고, 몸 안의 필요 없는 찌꺼기는 구멍 밖으로 사라지는 거야. 이 운동을 순환이라고 불러."

그때 꼬미가 고개를 갸웃했다. 복희씨가 알려 준 아홉 개의 구멍을 하나씩 생각해 보다가 이상한 점을 하나 발견한 것이다.

"복희씨, 항문과 요도를 뺀 모든 구멍이 다 얼굴에 있는데요? 구멍이 이렇게 몰려 있어도 되나요?"

"그럼, 그게 바로 얼굴이 중요한 이유인 거야. 아까 깨봉이가 얼굴이 간판이라고 했었는데, 간판보다는 창문이라는 말이 더 어울리지 않겠니? 온 세상이 얼굴을 통해 우리 몸을 들락날락한다고 상상해 보렴. 예쁜 창문보다는 튼튼한 창문이 더 필요하지 않을까?"

이 이야기를 듣자마자 깨봉이가 우스운 표정을 지어 보였다. 눈을 번쩍 뜨고, 콧구멍을 벌름거리며, 입을 크게 벌린 것이다. 꼬미가 까르르 웃음을 터뜨리며 말했다.

"깨봉이는 바보야. 창문이 크다고 다 좋은 게 아니잖아!"

복희씨는 장난을 치는 깨봉이의 머리를 쓰다듬어 주며 말을 이었다.

"얼굴의 구멍들도 다섯 가지 자연과 짝지어져 있단다. 눈은 흙을 뚫고 올라오는 씩씩한 나무처럼 세상을 부지런히 탐색하고, 귀는 물처럼 유연한 힘으로 소리 안에 담긴 메시지를 이해해. 입은 흙의 힘으로 음식물을 씹고 섞어서 위장으로 보내고, 혀는 주위를 밝히는 불처럼 맛들을 뚜렷하게 구분하지. 또 쇠의 힘을 타고난 코는 공기 속의 나쁜 물질들이 폐에 전달되기 전에 미리 차단한단다. 이렇게 생각하면 세상에 근사하지 않은 얼굴은 없어. 얼굴이 하는 일은 텔레비전이나 잡지에 나오는 것보다 더 근사한 일이야."

깨봉이는 머쓱한 표정으로 자기 얼굴을 더듬어 봤다. 꼬미는 그것 보라는 듯 깨봉이를 바라보았다. 그리고 벌떡 일어나 계단을 뛰어 내려가면서 말했다.

"깨봉아, 그러니까 성형 수술 같은 이상한 소리는 그만하고 축구나 하러 가자. 네가 좋아한다는 그 남자애도 네가 튼튼한 허벅지로 슈팅을 날리는 모습을 보면 홀딱 반할 수밖에 없을걸?"
"뭐라고?!"

깨봉이는 놀리지 말라고 화를 내며 꼬미를 쫓아갔지만,

꼬미는 이미 건물 밖으로 뛰어나가 버렸다. 축구를 하러 운동장으로 달려가는 두 아이들의 말소리와 발소리가 남산에 울려 퍼졌다.

〈술술 동의보감〉

"인체의 12경맥(간, 심장, 비장, 폐, 신장, 심포, 담, 소장, 위, 대장, 방광, 삼포의 경맥)과 365락맥(12경맥 사이를 이어 주는 맥)의 혈기는 모두 얼굴로 올라가 칠규(눈, 코, 귀, 입)의 일곱 구멍으로 흐릅니다. 그 청기 가운데 양기는 눈으로 올라가서 볼 수 있게 하고, 거기에서 갈라져 귀로 가면 들을 수 있게 합니다. 가슴속에 쌓인 종기(宗氣)는 코로 올라가 냄새를 맡을 수 있게 하고, 위에서 나온 수곡의 청기는 입술과 혀로 들어가 맛을 볼 수 있게 합니다."

8장

여자와 남자는 어떻게 다를까?

가족들과 할머니 댁에 가는 길, 깨봉이는 할머니를 뵐 생각에 잔뜩 신바람이 났다.

"안녕하세요! 저 왔어요!"
"깨봉이네 왔니? 깨봉이는 그 사이에 키가 더 큰 것 같네. 택견을 하니 몸도 건강해지나 보다."

할머니가 덕담으로 깨봉이를 반겨 주었다. 깨봉이는 소매를 걷어붙이며 알통을 만들어 보였다.

"정말 그래요. 봐요, 저 근육도 많이 붙었어요!"

어른들이 모두 웃음보를 터뜨리자, 소파에 앉아 있던 고모가 놀리는 말투로 말했다.

"우리 선머슴 깨봉이도 이제 좀 여자답게 꾸며야 하지 않을까? 치마도 입고 말이야."
"아휴, 어린 애한테 무슨 말을 하는 거야. 아이는 아이답게 자연스럽게 지내면 되는걸."

할머니가 손사래를 치자 고모도 깨봉이에게 기분 나빴

다면 미안하다며 사과를 했다. 그러나 깨봉이는 고모의 말이 마음에 걸렸다. 안 그래도 최근에 잡지에 나오는 연예인들처럼 예뻐지고 싶은 마음에 성형 이야기를 꺼냈다가 복희씨와 꼬미에게 한 소리를 들었었다. 깨봉이는 궁금했다. 좋아하는 남자애에게 잘 보이려면 여자다워야 하는 걸까? 여자답다는 건 뭘까? 여자와 남자는 어떻게 다를까?

  다음 날, 깨봉이는 택견 수업을 하러 감이당에 갔다. 택견 샘이 수업 시작 전 미리 택견장에서 몸을 풀고 있었다. 깨봉이는 쪼르르 달려가 인사를 하고는 어제부터 궁금했던 질문을 던졌다.

  "사범님, 궁금한 게 하나 있어요. 세상에는 여자 택견 사범님도 있나요?"

  "그럼, 당연하지. 사범님보다 실력 좋은 여성 택견 고수들이 얼마나 많은 줄 아니?"

  "그런데 왜 남자가 근육이 많으면 남자답다고 하고, 여자가 근육이 많으면 여자답지 못하다고 하는 거예요? 남자랑 여자는 서로 반대되는 거예요?"

그 이야기를 들은 꼬미는 고개를 갸우뚱했다.

"그건 좀 이상한데? 여자 북극곰들은 힘이 엄~청 세거든. 우리 엄마처럼 말이야."

택견 샘도 고개를 끄덕이며 깨봉이에게 대답했다.

"꼬미 말이 맞아. 남자가 하는 걸 왜 여자가 못 하겠니? 남자의 몸과 여자의 몸은 서로 반대되는 게 아니라 차이가 있을 뿐이야."
"무슨 차이가 있는데요?"
"몸의 겉모습부터 다르지. 유방은 가슴을 뜻하는 말인데, 알다시피 여자의 유방이 남자보다 더 커. 또 남자의 생식기는 몸 밖으로 나온 반면 여자의 생식기는 몸 안으로 들어가 있어. 그리고 여자가 남자보다 지방이 많고, 남자는 여자보다 근육이 많아."
"왜 이런 차이가 생기는 거예요?"
"여성의 몸은 임신을 하고 아이를 출산하는 능력이 있거든. 그래서 강한 근육보다 에너지를 저장하는 지방이 더 많도록 몸이 만들어진 거야. 물론 그렇다고 해서 여성이 근육을 만들 수 없다는 건 완전히 틀린 생각이야."
"임신은 어떻게 일어나는데요?"

깨봉이의 끝없는 질문 공습에 택견 샘은 또 식은땀을 흘렸다. 이 이상의 질문에는 대답해 줄 자신이 없었다.

"어… 그러지 말고 우리 복…"
"복희씨에게 가요!"

택견 샘이 말을 끝내기도 전에 꼬미와 깨봉이가 합창했다. 택견 샘이 대답이 궁해질 때마다 복희씨를 찾는다는 것을 잘 알았던 것이다. 공부방에서 자초지종을 전해 들은 복희씨는 푸하하 웃음을 터뜨렸다.

"택견 팀에서 오늘도 재미있는 주제를 가져왔네? 포(胞)에서 이야기를 시작해 보자. 포는 우리 몸에 있는 장기 중 하나인데, 여자와 남자에 따라서 역할이 달라진단다. 남자의 포는 정을 저장했다가 필요할 때 내보내는 일을 해. 예전에 정/기/신을 공부하면서 '정'에 대해 이야기했던 내용이 기억나니?"

"네, 기억합니다! 정은 우리 몸의 생명 활동을 돕는 물질이라고 하셨습니다."

깨봉이와 꼬미가 대답하기도 전에 택견 샘이 먼저 큰

소리로 답했다. 택견 샘도 요즘 두 제자들에게 자극받아서 『동의보감』을 열심히 공부하는 중이었다.

"그래, 정확해. 엄마와 아빠가 아이를 낳으려면 이 정이 필요해. 아빠의 정이 포를 떠나서 엄마의 포로 들어가면 그때 임신이 일어나는 거야. 여자의 포는 남자의 포와 또 달라. 정의 저장고가 아니라 태아를 기르고 보호하는 장소거든. 태아는 아직 태어나지 않은 아기를 부르는 말이란다."

그때 꼬미의 머릿속에 번개처럼 기억 하나가 떠올랐다. 꼬미는 요즘 깨봉이네 가족을 따라서 주말에 텃밭을 가꾸고 있었다. 지난주에 깨봉이 어머니가 꼬미에게 씨를 주며 설명해 주었다. 씨를 땅속에 정성스럽게 심어야 한다고. 새싹이 돋기 위해서는 씨와 땅 둘 다 필요하기 때문이라고.

"남자의 포는 씨앗 주머니이고, 여자의 포는 씨앗이 자라는 땅인 거예요? 태아는 새싹이고요."
"비유가 찰떡 같은데? 맞아, 땅처럼 새 생명을 품어야 하다 보니 여자의 생식기는 안으로 들어가게 돼. 또 아기에게 젖을 먹여

야 하니 여자의 가슴이 남자보다 큰 거야. 이런 차이는 이상한 게 아니야."

그러나 깨봉이는 여전히 불만스러운 표정을 하고 있었다. 복희씨의 설명을 들었지만 '여자답다'는 게 뭔지 아직도 모르겠다.

"어제 제가 할머니 댁에서 알통을 보여 드렸는데, 고모께서 저 보고 여자답지 않다고 하셨어요. 근데 제 몸이 아이를 임신할 수 있는 거랑, 제가 치마를 안 입고 운동하는 거랑 아무 상관없는 거 아니에요?"

"하하, 깨봉이 말이 정답이다. 나중에 고모님을 뵈면 깨봉이가 꼭 말씀드리렴. 치마를 입고, 머리를 기르고, 근육이 없는 몸이 '여자답다'고 하는 건 사람들이 상상 속에서 만들어 낸 이미지일 뿐이라고. 그건 진짜 여성의 몸과는 상관없어. 여성스럽다는 말의 진정한 의미는 여성의 몸을 제대로 알고, 또 여성이 품는 새 생명을 존중하는 것이 되어야 해. 너희들 혹시 월경이 뭔지 아니?"

깨봉이와 꼬미는 둘 다 고개를 절레절레 저었다. 택견

샘 역시 입도 벙긋하지 않았다. 복희씨는 아이와 어른 모두 성교육을 다시 해야 한다며 혀를 차더니 설명을 이어 나갔다.

"여성의 포에는 피가 머무르는데, 만약 남자의 정이 들어오지 않으면 이 피가 넘치게 돼. 이렇게 피가 여성의 몸 바깥으로 흘러나오는 때를 월경이라고 불러. 한 달에 한 번, 달의 주기와 겹친다고 해서 달을 뜻하는 '월'(月) 자를 붙였어. 월경은 사춘기 즈음부터 시작되니 깨봉이도 머지않아 월경을 경험하게 되겠지. 한번 상상해 보렴. 네 몸에서 한 달에 한 번씩 피가 나온다면 어떨 것 같니?"

"어…. 좀 무섭고 부끄러울 것 같아요."

"무서울 것도 없고, 부끄러울 것도 없어. 월경은 재충전의 시간이야. 월경이 일어나면 여성의 포에도 새 기운과 새 피가 들어오는데, 그때 새 생명을 품는 능력이 다시 생겨. 한 달에 한 번 스스로를 변신시키는 여성의 몸, 얼마나 대단하니?"

복희씨의 설명을 듣던 깨봉이의 어깨가 자랑스럽게 펴졌다. 꼬미와 택견 샘도 경외에 찬 눈으로 복희씨와 깨봉이를 바라봤다. 깨봉이가 의기양양한 목소리로 말했다.

"자, 이제 택견 하러 가요! 저는 남산에서 가장 택견을 잘하는 날쌘 여자애가 될 거예요!"

〈술술 동의보감〉

"임신하는 법은, 여자들은 월경을 고르게 하는 것이 중요하고, 남자들은 정기를 충실하게 하는 것이 중요하다. 또한 성욕을 억제하고 마음을 깨끗하게 가지는 것이 제일 좋은 방법이다."

9장

침, 땀, 눈물은 왜 나올까?

복희씨가 콧노래를 부르며 길을 걷고 있었다. 남산 근처에 새로 문을 연 쌀빵을 파는 빵집에 가는 길이었다. 밀가루 음식이 잘 소화되지 않는 복희씨는 쌀빵을 좋아했다. 그런데 저 멀리 언덕길에 꼬미와 깨봉이가 청년 한 명과 실랑이를 벌이는 모습이 보였다. 깨봉이가 쩌렁쩌렁한 목소리로 말했다.

"빨리 분리배출 하세요!"
"꼬마야, 나도 평소에는 분리배출 잘하는데 오늘은 좀 바쁘거든? 신경 쓰지 말고 갈 길 가렴."

웬만해서는 언성을 높이지 않는 꼬미도 화난 목소리로 말했다.

"오늘 아저씨가 분리배출 안 하시면 북극은 내일 녹을지도 몰라요. 기후 위기 문제가 심각하다고요."

깜짝 놀란 복희씨는 서둘러 언덕길을 올라갔다. 복희씨를 발견한 꼬미가 억울한 목소리로 하소연을 했다.

"복희씨, 이 형이 쓰레기를 그냥 버리려고 해요. 이렇게 계속 물건을 낭비하고 지구를 더럽히다가 북극이 다 녹아 없어지면 어떡해요?"

많이 속상했는지 꼬미의 눈에 눈물이 그렁그렁 맺혔다. 상황을 파악한 복희씨는 상황을 중재했다.

"안녕하세요. 분리배출은 저희 동네 사람들 모두 따르는 규칙이랍니다. 많이 바쁘시면 저희가 분리배출을 할 테니 여기 놓고 가세요."

청년은 복희씨가 나타나자 당황했는지 도망치듯 자리를 떠났다. 복희씨는 두 친구와 함께 청년이 두고 간 쓰레기봉투를 열어 분리배출을 마치고, 아이들을 데리고 빵집으로 향했다. 꼬미는 빵집 테이블에 앉아서도 여전히 시무룩한 표정이었다.

"창피해요, 울고 싶지 않았는데…. 눈물이 너무 많이 나왔어요."

꼬미가 말했다. 깨봉이는 꼬미를 달래 주기 위해 일부러 넉살을 떨었다.

"땀투성이 된 나보다 낫지! 아까 네가 그 오빠랑 싸우는 걸 보고 얼른 뛰어갔더니 땀으로 범벅이 되었네. 내 몸에서 냄새나면 어떡하지?"

복희씨도 빵 포장을 벗기면서 농담을 했다.

"한 명은 눈물범벅, 또 한 명은 땀범벅. 그럼 나는 침 범벅이 되어 볼까? 빵 냄새가 너무 좋지 않니?"

"으악, 더러워요!"

꼬미와 깨봉이는 동시에 웃음을 터뜨렸다. 그리고 복희씨를 따라 다들 빵을 크게 한 입씩 베어 물었다.

"그런데요 복희씨, 생각해 보니 몸에서는 물이 참 많아요. 눈물, 땀, 침, 모두 물이네요."

깨봉이가 입속의 빵을 우물거리며 말했다. 복희씨는 바로 대답하는 대신 깨봉이에게 눈으로 경고를 주었다. 입에 음식물을 넣고 씹을 때는 말하면 안 된다고 예전에 단단히 일러두었던 것이다. 깨봉이가 눈치를 보면서 얼른 빵을 삼키자 그제야 복희씨도 입을 열었다.

"깨봉이 말이 맞아. 우리 몸의 3분의 2가 물로 차 있어. 땀, 침, 눈물만 물이겠니? 피도 물이고, 오줌도 물이야. 뇌에도 물이 있고, 뼈끼리 만나는 관절에도 물이 있어. 심지어 세포 안에도 물이 가득해."

"몸의 절반 이상이 물로 이루어져 있다고요? 그래서 이렇게 부드럽게 움직이는 건가?"

꼬미가 배 위에 손을 얹고 흔들자 툭 튀어나온 꼬미의

뱃살이 출렁였다. 깨봉이가 옆에서 까르르 웃더니 그건 물이 아니라 똥배라며 핀잔을 주었다. 꼬미가 복희씨에게 물었다.

"몸에는 왜 이렇게 물이 많은 거예요?"
"물이 생명체의 근원을 이루고 있기 때문이야. 모든 생명체는 물에서 왔거든. 『동의보감』에서는 우리 몸 안에 있는 물을 '진액'이라고 부르는데, 진액은 온몸을 적셔 주면서 생명 활동을 돕는단다. 각기 다른 상황에 따라서 침, 땀, 혹은 눈물로 밖으로 나오기도 하고. 이 진액이 얼마나 귀한 줄 아니? 진액을 함부로 낭비하거나 억지로 틀어막아서는 안 돼."
"에이, 침, 땀, 눈물을 어떻게 조절해요? 슬프면 눈물이 나는 거고, 배고프면 침이 나오는 거고, 운동하면 땀도 나고 그러는 거죠. 솔직히 침이나 땀이 건강에 별 쓸모가 있는 것 같지도 않고요."

깨봉이가 어깨를 으쓱하며 말했다. 깨봉이는 아직도 더러운 땀과 침이 왜 건강에 중요한지 이해할 수 없었다. 엄마가 길거리에 함부로 침을 뱉으면 안 된다고 늘 당부하셨지만, 그 이유는 공공예절을 지키기 위해서였지 건강을 지키기 위해서는 아니었던 것 같았다. 그때 복희씨가 깨봉이에게 말했다.

"왜 쓸데없다고 생각하니? 세상에 쓸모없는 게 단 하나도 없듯이, 우리 몸에도 쓸모없는 건 없어. 몸 밖으로 나오는 침, 땀, 눈물은 몸 안의 진액이 어떤 상태인지 알려 주는 표지판이야. 내가 예전에 심장이 불 운동을 한다고 말한 적 있지? 깨봉이가 달리기를 한다면 심장이 평소보다 더 빠르게 쿵쾅쿵쾅 뛰고, 그러면 몸 안의 불도 더 세져. 그때 주전자의 물이 들썩들썩 움직이듯이 몸속 물도 활발하게 움직이기 시작해. 그게 땀이 되어 나오는 거야. 이렇게 배출되는 땀은 건강한 땀이야. 그런데 운동을 하지도 않았는데 식은땀이 나는 건 왜 그런 걸까?"

"그건 아픈 거예요. 예전에 감기 걸렸을 때 땀이 뻘뻘 났거든요. 그런데 덥기는커녕 너무 추웠어요."

깨봉이 대신 꼬미가 대답했다. 이번 환절기 때 된통 아팠던 기억이 떠올랐다.

"정답이야. 그래서 식은땀이 날 때는 내가 아프다는 걸 빨리 알아채고 조치를 취해야 해. 안 그러면 땀을 타고 정기가 왕창 빠져나가는 수가 있어. 땀만 그런 게 아냐. 아플 때 나오는 침과 정상

일 때 나오는 침도 구분할 수 있어. 너희들 혹시 차 탈 때 입안에 침이 고였던 기억은 없니?"

평소 차멀미가 심한 깨봉이가 눈을 휘둥그레 뜨며 대답했다.

"맞아요! 속이 메슥거리면서 입안이 시큰거리고, 거기에 침이 막 고여요."
"다 이유가 있어. 침은 음식을 소화시키는 비장과 연관되어 있는데, 차멀미를 하면 비위가 상해서 침이 나오는 거야. 이런 침은 맛있는 음식 앞에서 도는 군침과 달리, 우리 몸이 아프다는 걸 알려 주는 메신저야. 똑같은 이유로 눈물도 너무 많이 흘리면 정기가 낭비돼. 뭐든지 적절히 하는 게 중요한 거야."

복희씨의 설명을 들으며 깨봉이와 꼬미는 생각에 잠겼다. 하찮게 여겼던 침, 땀, 눈물에 이토록 중요한 메시지가 담겨 있다고 상상해 본 적이 없었다. 복희씨는 친구들의 머리를 쓰다듬으며 말했다.

"몸을 살리는 게 진액이라면, 지구를 살리는 건 바다란다. 만약 북극이 녹아서 바다가 변해 버린다면 북극곰은 물론이고 인간과 다른 생명체들도 지구에서 영영 살 수 없을 거야. 쓰레기를 함부로 버리는 사람들은 이 사실을 모르는 거야. 몸을 모르는 사람들이 침, 땀, 눈물을 쓸모없다 여기고 함부로 낭비하는 것처럼."

바로 그때 빵집 스피커에서 유명한 아이돌 그룹의 노래인 「피, 땀, 눈물」이 나오고 있었다. 재롱둥이 깨봉이가 의자에서 벌떡 일어나 춤을 추기 시작했다. 노래 가사를 바꿔 부르며 말이다.

"내 침, 땀, 눈물, 내 건강한 정/기/신, 가져가지 마~"

빵집에 앉아 있던 손님들 모두가 깨봉이를 보며 크게 웃었다. 꼬미와 복희씨만 창피해서 얼굴을 들지 못했다. 깨봉이는 그런 두 사람을 바라보며 더 화려한 춤사위를 펼쳤다.

〈술술 동의보감〉

"대개 사람의 몸은 진액을 기본으로 삼는다. 피부에서는 땀이 되고, 근육에서는 피가 되고, 신장에서는 정액이 되고, 입에서는 침이 되고, 비장에 잠복하면 담이 되고, 눈에서는 눈물이 된다. 땀, 피, 눈물, 정액은 한 번 나가면 돌이킬 수 없지만 침은 다시 돌릴 수 있다."

10장

똥과 오줌은 왜 싸야 할까?

택견 샘, 꼬미, 깨봉이가 택시를 타고 이동하고 있었다. 차 오디오에서는 알아들을 수 없는 언어의 노래가 흘러나왔다. 이곳은 한국이 아니라 스페인이기 때문이다. 깨봉이가 신난 목소리로 말했다.

"와, 진짜 외국이에요. 한국 땅이 아니라니 너무 신기해요."

택견 샘의 누나인 해잠 샘은 스페인에서 의학을 공부하고 있다. 택견 샘은 누나를 만나기 위해 스페인 여행을 오랫동안 계획해 왔다. 이 사실을 알게 된 꼬미와 깨봉이는 여행에 데려가 달라고 졸랐고, 결국 택견 샘은 깨봉이네 가족과 복희씨의 허락하에 둘과 함께 여행하게 되었다. 사실은 복희씨가 스페인에 가장 오고 싶어 했으나 『동의보감』 강의 때문에 합류할 수 없었다.

"사범님, 저 아직도 배 아파요. 이제는 배가 빵빵해졌어요."

그때 꼬미가 끙끙거리며 말했다. 비행기를 탈 때부터 시작된 복통은 멈추기는커녕 점점 더 심해지고 있었다. 택견 샘이 꼬미의 등을 쓸어 주면서 걱정스러운 목소리로 말했다.

"아이고, 이거 참 문제다. 일단 해잠 샘 집에 도착해서 짐부터 풀고 난 다음 조치를 취해 보자."

쌩쌩 달리던 택시가 속도를 늦추더니 이윽고 멈춰 섰다. 해잠 샘이 아파트 정문 앞에서 셋을 기다리고 있었다. 택시 기사님이 트렁크에서 캐리어를 꺼내는 동안 해잠 샘은 두 어린이를 반갑게 맞이했다.

"반갑다, 택견 꿈나무들! 이쪽이 깨봉이, 또 이쪽은 꼬미지? 어라, 그런데 꼬미는 얼굴색이 안 좋네."

"비행기 탈 때부터 배가 이상했는데, 지금도 배가 아파요."

"정말? 아픈 몸으로 여행하느라 힘들었겠다. 일단 집으로 들어가자."

택견 샘과 깨봉이가 짐을 푸는 동안 해잠 샘은 꼬미를 방으로 데려가 눕혔다. 그리고 청진기를 가져와 꼬미의 배에 갖다 대기도 하고, 배를 손가락으로 톡톡 두드리기도 했다. 해잠 샘이 꼬미에게 물었다.

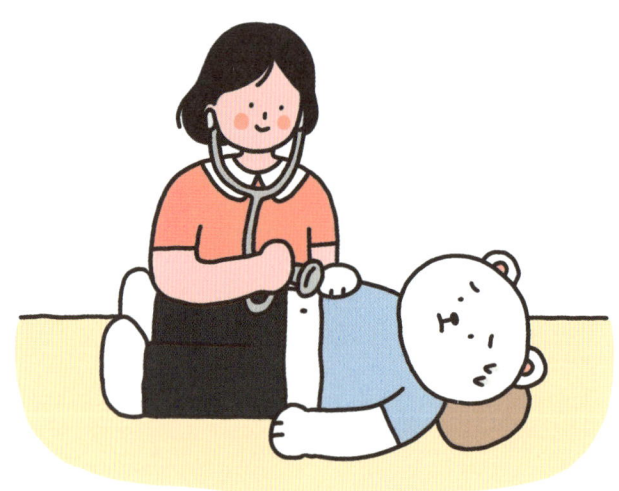

"꼬미가 마지막으로 똥을 싼 게 언제지?"

"어…. 엊그제인 것 같아요."

"그 사이에 한 번도 화장실에 안 갔단 말이야? 평소에도 소화에 문제가 있었니?"

어느새 짐 정리를 다 한 깨봉이가 쪼르르 달려와 꼬미 대신 대답했다.

"아니요, 꼬미는 원래 뭐든지 잘 먹고 또 많이 먹어요. 똥도 잘 싸서 화장실 가도 금방 나와요."

똥 이야기가 나오자 꼬미는 부끄러웠는지 얼굴을 붉히고 고개를 돌렸다. 그렇지만 해잠 샘은 계속 질문했다.

"혹시 요 며칠 사이에 꼬미에게 무슨 일이 있었니?"

"사실 해외여행 간다는 게 너무 신기하고 조금 무서워서 잠을 잘 못 잤어요."

"아하, 알겠다. 꼬미가 너무 긴장해서 대장이 딱딱하게 굳어 버렸나 봐. 똥이 몸 밖으로 나오질 못하니 뱃속에 가스가 찬 거지. 일단 약 먹고 좀 쉬렴. 그러면 곧 화장실에 다녀올 수 있을 거야."

해잠 샘은 물병을 가져와 꼬미가 알약을 삼키도록 도와주었다. 그리고 담요를 꺼내 와 꼬미가 편하게 잘 수 있도록 했다. 깨봉이는 그 모습을 감탄스럽게 지켜보다가 방에서 나오자마자 해잠 샘에게 물었다.

"해잠 샘이 공부하시는 의학은 『동의보감』이랑은 다른 거예요? 복희씨께서 꼬미랑 제게 『동의보감』 이야기를 종종 가르쳐 주시는데, 이런 신기한 알약에 대해서는 못 들어 본 것 같아요."

"너희들이 그런 어려운 공부도 하니? 맞아, 내가 공부하는 의학은 유럽에서 시작된 서양 의학이야. 『동의보감』이 설명하는 건 한의학이고. 하지만 다르다고 해서 한쪽이 틀린 건 아니야. 다들 몸을 고치는 자기만의 노하우가 있고, 또 잘 보면 서로 겹치는 내용도 있어."

"『동의보감』에서도 똥을 못 싸면 큰일 난다고 말해요?"

"그럼, 당연하지. 내가 복희씨만큼 『동의보감』을 잘 알지는 못하지만 이건 확실하게 말해 줄 수 있어. 몸 안으로 들어간 음식이 밖으로 나오기 싫어한다면 큰 문제 아니겠니?"

해잠 샘은 깨봉이에게 대답하며 부엌에서 쿠키와 차를 내왔다. 그리고 거실 소파로 가서 택견 샘과 깨봉이에게 다과를 권했다. 그러나 깨봉이는 쿠키 대신 해잠 샘이 방금 한 말을 곰곰이 곱씹었다. 호기심을 참는 건 깨봉이의 성격이 아닌지라, 곧바로 해잠 샘에게 질문을 던졌다.

"해잠 샘, 그럼 똥과 오줌을 싸는 게 음식을 먹는 것만큼 중요하다는 말씀이세요?"

"정답이야. 깨봉이가『동의보감』을 공부했다고 하니까 순환이라는 말로 설명해 줄게. 순환은 움직임이야. 기운과 물질이 한곳에 멈춰 있지 않고 주기적으로 뱅글뱅글 도는 거야. 숨을 들이쉬었으면 내쉬어야 하고, 음식을 먹었으면 내보내야 해. 똥과 오줌은 몸 안의 정기를 바깥으로 내보내는 작업이야. 그래야 또 바깥세상의 새로운 정기가 몸으로 들어올 수 있거든. 똥을 싸지 못하면 순환이 막힐 테고, 순환이 막히면 몸에 탈이 날 수밖에 없겠지?"

과자를 먹고 있던 택견 샘은 해잠 샘과 깨봉이의 대화를 듣더니 깜짝 놀라 말했다.

"그렇게 심오한 뜻이 있단 말이야? 그냥 영양분 없는 찌꺼기라고 생각한 똥오줌이 이렇게까지 중요한 줄은 몰랐네."

"똥오줌만 그런 게 아니에요! 침과 땀도 몸속의 귀한 진액이 바깥으로 표현되는 거래요."

 깨봉이가 이때다 싶어 끼어들었다. 얼마 전 빵집에서 복희씨가 해 준 침, 땀, 눈물 이야기를 아직도 기억하고 있었던 것이다. 이번에는 해잠 샘이 놀란 눈으로 깨봉이를 쳐다봤다. 두 친구가 몸 공부를 한다는 이야기는 택견 샘에게 익히 전해 들었지만, 이 정도로 열심히 공부하는지는 몰랐던 것이다.

 "깨봉이가 참 똘똘한데? 그 말이 딱 맞아. 똥과 오줌을 관찰하면 우리 몸 안에서 무슨 일이 벌어지는지 알 수 있어. 이건 『동의보감』뿐만 아니라 서양 의학도 동의하는 점이야. 그렇지만 대부분의 사람들은 화장실만 가면 변기 물 내리기에 급급하지. 안타까운 일이야."
 "예를 들면 뭘 알 수 있어요?"

 깨봉이가 신기하다는 표정으로 질문했다.

 "서양 의학은 원인을 눈으로 직접 밝혀 내는 걸 중요하게 여기기 때문에, 똥오줌을 실험실로 가져가서 성분을 일일이 분석한단다. 반면 『동의보감』은 똥오줌의 성분이 아니라 기운을 보려고 해. 그러면 간단한 관찰로도 많은 정보를 얻을 수 있어. 만약 오줌의 색깔이 탁하고 양이 적다면 그건 몸속에 열기가 많다는 뜻이야. 반대로 오줌이 많으면서 색이 맑은 건 몸속에 한기가 많기 때문이야. 또 물 같은 설사가 나오면 차갑고 습한 기운이 비위를 상하게 했다는 뜻이고, 오한이 들고 배에서 큰 소리가 나면서 설사가 나오면 그건 속이 차가워졌다는 뜻이야."

바로 그때 방문이 황급히 열렸다. 한숨 푹 잔 꼬미가 거실로 나오더니 화장실을 찾았다.

"저 화장실 가요~!"

택견 샘, 깨봉이, 해잠 샘 모두 큰 소리로 웃음을 터뜨렸다. 깨봉이는 화장실로 달려가는 꼬미의 뒤통수에 대고 한마디 덧붙였다.

"변기 물 바로 내리지 말고 똥오줌 잘 관찰해!"

해잠 샘이 말했다.

"꼬미가 곧 몸을 회복하겠구나. 다행이다. 내일은 우리 다 같이 밖으로 구경 나가자!"

〈술술 동의보감〉

"위 속으로 들어간 음식물이 부숙된 후, 위의 아래쪽 구멍에서 소장의 위쪽 구멍으로 들어간다. 소장의 아래쪽 구멍에서 맑고 탁함이 분별되는데, 수액은 방광으로 들어가 소변이 되고 찌꺼기는 대장으로 들어가 대변이 된다."

11장

매일 씻는데 왜 가려운 것일까?

"올라!"(¡Hola!)

카페 종업원이 깨봉이와 꼬미에게 눈웃음을 지으며 반갑게 인사를 건넸다. 스페인어로 '올라'는 한국어로는 '안녕'이라는 인사말이다. 그 사이 해잠 샘과 택견 샘은 테이블에 앉아 오렌지 주스 네 잔을 주문했다. 오렌지가 많이 나는 스페인에서는 신선한 주스를 마음껏 마실 수 있다.

"와, 이제야 살 것 같아요. 스페인은 왜 이렇게 더운 거예요? 이것도 지구 온난화 때문인가요?"

빨대도 꽂지 않고 주스를 벌컥벌컥 들이마신 깨봉이가 입가를 닦으며 말했다. 네 사람은 오후 내내 걸어 다니며 시내 구경을 했다. 오늘따라 구름 한 점 없는 하늘에는 태양 빛이 작열하고 있었다. 해잠 샘은 깨봉이의 질문에 답해 주었다.

　"스페인은 원래 더운 나라야. 그렇지만 지금 기후 변화 회의가 스페인에서 진행되고 있는 것도 맞아. 지구 온난화의 속도를 늦추기 위해서 전 세계가 함께 해결책을 논의하는 자리지."
　"우와, 정말이에요? 이렇게 중요한 순간에 제가 스페인에 있다니, 너무 멋져요!"

　기후 변화에 관해서라면 무엇이든 알고 싶어 하는 꼬미가 눈을 반짝이며 말했다. 그런데 이즈음 추임새를 넣어야 할 깨봉이가 조용했다. 옆 테이블에 한눈을 팔고 있었던 것이다. 부모님과 함께 온 한 남자애가 앉자마자 팔뚝을 벅벅 긁고 있었다. 깨봉이가 작은 목소리로 꼬미에게 속삭였다.

　"꼬미야, 스페인 친구들은 잘 안 씻나 봐. 샤워를 얼마나 안 하면 몸이 저리 가려울까?"

이 말을 들은 택견 샘은 눈을 무섭게 뜨며 깨봉이와 꼬미 사이에 끼어 들었다.

"얘들아, 사람 앞에서 그런 말을 하면 실례야! 한국이든 외국이든 예의는 지켜야지."

택견 샘의 단호한 말에 깨봉이가 입을 합, 하고 다물었다. 해잠 샘도 옆에서 택견 샘을 거들었다.

"지금 저 친구는 피부병에 걸린 거야. 피부가 심하게 가려워지는 알레르기 질환으로, '아토피'라고 부른단다. 점점 더 많은 사람들이 아토피에 걸리고 있어. 안타까운 일이지?"

깨봉이의 얼굴이 새빨갛게 달아올랐다. 그리고 기어들어 가는 목소리로 말했다.

"아파서 그런 줄도 모르고 제가 말을 함부로 했어요. 너무 부끄러워요."

해잠 샘이 빙그레 웃으며 깨봉이의 기분을 풀어 줬다.

"걱정 마렴. 깨봉이는 몸 공부를 열심히 하니까, 앞으로 아픈 사람들을 금방 알아보고 도와줄 수 있을 거야. 재미있는 사실 하나 알려 줄까? 아까 깨봉이가 잘 안 씻어서 피부가 가려운 거 아니냐고 했지? 샤워를 너무 자주 하면 아토피에 걸릴 위험이 오히려 증가할 수도 있다는 거, 혹시 알고 있니?"

해잠 샘의 말에 깨봉이는 물론이고 옆에서 듣고 있던 꼬미와 택견 샘까지 깜짝 놀랐다. 몸을 깨끗하게 씻을수록 병균도 사라진다고만 생각했지, 역으로 깨끗한 몸 때문에 병에 걸릴 수도 있다는 생각은 못 해본 것이다. 깨봉이가 물었다.

"왜 그런 거예요? 잘 이해가 안 돼요."
"우리 몸에는 면역 체계라는 방어막이 있거든. 우리 모두 자라면서 여러 가지 병을 앓게 되잖아? 그때 면역 세포들이 병을 일으키는 병균을 하나씩 기억해 둬. 기억이 차곡차곡 쌓이면 나중에는 똑같은 병균이 찾아와도 빨리 방어할 수 있어. 너희가 아프다는 걸 느끼기도 전에!"

택견 샘은 푸하하, 웃음을 터트리고는 깨봉이를 향해 말했다.

"깨봉아, 이제부터 너 학교 가기 싫다고 그러면 안 되겠다. 네 몸도 태어난 순간부터 이렇게 열심히 공부하고 있는데, 네가 학교 공부를 게을리하면 되겠니?"

"그래, 문제는 바로 공부야. 우리가 몸을 너무 열심히 씻으면 면역 세포들이 병균을 공부할 기회까지 사라져 버려. 그래서 제대로 배우지 못한 세포들이 실제로는 병균도 없는데 엉뚱한 공격을 하기 시작해. 그게 알레르기 반응이고, 알레르기가 피부에 일어날 때 아토피가 되는 거지."

해잠 샘의 추가 설명에 모두들 입이 쩍 벌어졌다. 지금까지 한 번도 들어 본 적 없는 놀라운 사실이다. 그때 깨봉이가 고개를 갸우뚱하며 말했다.

"해잠 샘, 그런데 이건 서양 의학의 설명이죠? 『동의보감』에도 아토피가 나오나요?"

"와, 벌써 서양 의학과 한의학의 차이점이 궁금해진 거야? 깨봉이의 지적인 호기심은 어른들도 따라갈 수 없겠다. 깨봉이가 잘 질문해 주었듯이, 한의학에서는 아토피를 이런 식으로 설명하지는 않아. 그런데 결론은 똑같아. 한의학의 관점으로 봐도 샤워를 너무 자주하는 건 피부에 좋을 수가 없어."

"뭐라고요? 정말요?"

이제는 깨봉이도 깜짝 놀랐다. 자주 씻을수록 좋다고 생각했던 믿음이 점점 흔들리고 있었다.

"그래. 어제 우리 집에서 깨봉이가 침과 땀이 몸속의 진액이라고 말했던 거 기억나니? 샤워를 너무 자주하면 진액이 마르면서 피부가 건조해져. 한의학에서는 물을 생명력의 핵심으로 보기 때문에, 진액이 부족해지면 여러 가지 문제들이 일어난단다. 우선 정/기/신의 정이 소모돼. 정/기/신은 늘 함께 다니는 삼총사이기 때문에 정이 부족하면 기력도 달리게 돼. 기력이 달리면 무슨 일이 벌어질 것 같아?"

꼬미가 끼어들면서 대답했다.

"기력이 달리면 집에서 쉬고 싶어져요. 친구도 만나고 싶지 않고, 여행도 가고 싶지 않아요."

"그래, 기력이 부족한 사람은 낯선 사람이나 낯선 환경에 대해 겁이 많아져. 그러면 청결에 대한 집착도 더 강해질 수 있어. 조금이라도 이상해 보이는 건 모두 몸에서 떼어 내고 싶은 거야. 그렇게 샤워를 더 자주하게 되고, 진액은 더 마르게 되고, 악순환에 빠지게 되겠지."

그때 카페 벽면에 걸린 텔레비전 화면에서 뉴스가 나왔다. 기후 변화 회의가 열리는 장면이 생중계되고 있었다. 그러자 꼬미가 뭔가 생각났는지 벌떡 자리에서 일어났다.

"해잠 샘, 샤워를 덜 해야 하는 이유를 하나 더 알겠어요! 샤워를 자주 할수록 물이 낭비되잖아요. 기후 위기 때문에 물이 부족해지고 있는 곳이 많다고 들었어요. 몸뿐만 아니라 지구를 위해서도 물을 아껴 써야 해요. 안 그러면 아토피에 걸린 피부처럼 지구도 병에 걸릴 거예요."

택견 샘과 해잠 샘은 경탄의 눈빛으로 꼬미를 바라봤다. 해잠 샘이 말했다.

"꼬미 말이 맞아. 인간들이 자연과 섞여 살지 않으려 하기 때문

에 지금 지구는 더 뜨거워지고, 북극은 녹아내리고, 가뭄이 일어나고 있어. 우리 몸도 똑같아. 세균과 섞여 살지 않으려는 몸의 피부는 점점 더 건조해지고, 귀한 진액을 잃어버리고, 결국 병에 걸려. 그렇다면 우리는 어떻게 살아야 할까?"

"섞여 살아야 해요. 세균과 몸도, 북극곰과 인간도, 한국인과 외국인도 모두 같이요."

꼬미가 의기양양하게 답하는 사이, 깨봉이는 자리에서 일어나 옆 테이블로 갔다. 그리고 팔뚝을 긁던 남자아이에게 활짝 웃으며 인사를 했다.

"올라! 난 한국에서 온 깨봉이야. 우리 친구하자!"

> 〈술술 동의보감〉
>
> "『내경』에서 말하길, '여러 가지 가려움증은 모두 허해서 생긴다'라고 하였다. 혈이 살과 주리에 영양을 공급하지 못하기 때문에 가려운 것이다. 마땅히 윤택하게 하고 보하는 약으로 음혈을 길러야 한다. 혈이 조화로우면 피부가 윤택해지고 가려움증이 저절로 낫는다."

12장
내 몸속에 벌레가 산다고?

해 질 녘이 되자 깨봉이, 꼬미, 택견 샘, 해잠 샘은 집에 돌아왔다. 시내 구경을 어찌나 열심히 했던지 다들 얼굴이 벌게지고 뱃속에서는 꼬르륵 소리가 났다. 오늘 저녁 식사 준비 당번은 택견 샘과 깨봉이었다.

"오늘의 메뉴는 비빔밥이야. 금방 준비할게!"

택견 샘이 거실에 있는 꼬미와 해잠 샘을 향해 소리치고는 주방으로 들어갔다. 띵동, 그때 초인종 소리가 들렸다. 해잠 샘이 문을 열자 아주머니 한 분과 꼬미의 또래로 보이는 남자아이가 서 있었다. 해잠 샘은 이들을 이미 알고 있는지 스페인어로 대화를 나눴다. 곧 해잠 샘은 방으로 들어가더니 알약을 가지고 와서 아주머니에게 건넸다. 아주머니와 아이가 떠나자마자 택견 샘이 주방에서 꼬미와 해잠 샘을 불렀다.

"밥 먹자, 준비 다 됐어."

네 명이 식탁에 사이좋게 둘러앉았다. 모두들 밥을 비비기 시작할 때 꼬미가 해잠 샘에게 물었다.

"아까 그 두 분은 엄마와 아들인거죠? 여기 아파트에 사시는 이웃이에요?"

"응, 우리 윗집에 사셔."

"그런데 저희가 오늘 시내에서 봤던 스페인 사람들이랑 외모가 좀 다른 것 같아요."

"그분들은 라틴아메리카 대륙에 있는 페루라는 나라에서 오셨어. 그곳도 스페인어를 쓰거든."

택견 샘과 깨봉이는 주방에 있느라 이웃이 방문했다는 걸 모르고 있었다. 택견 샘이 해잠 샘에게 물었다.

"누가 찾아왔었구나? 윗집 아주머니는 왜 오신 거야?"

"아들이 아픈 것 같다고 하시더라고. 밥도 잘 먹고 운동도 하는데 살이 계속 빠진대. 얼마 전에 함께 페루를 방문했다고 하시기에 일단 기생충 약을 드렸어. 페루는 스페인보다 기생충에 감염될 가능성이 높거든. 그래도 상황이 호전되지 않으면 병원에서 검사해 보시라고 말씀드렸지."

기생충? 벌레를 말하는 건가? 깨봉이가 밥을 먹다 말고 얼굴을 잔뜩 찡그리더니 소리쳤다.

"으엑, 벌레라니, 더러워요!"

자연환경에 익숙한 꼬미는 태연하게 어깨를 으쓱하며 깨봉이에게 말했다.

"뭐가 더러워? 아마존 정글에 사는 사람들은 벌레를 요리해 먹기도 한대. 난 못 먹어 봤어. 북극에도 벌레가 있긴 한데, 너무 작아서 잡아먹기 귀찮더라고."
"아니, 그래도 난 벌레 싫어. 나는 앞으로 아마존이나 페루로는 여행가지 않을래."

고집스럽게 고개를 저으며 몸서리치는 깨봉이를 보고 해잠 샘이 말했다.

"페루를 안 가더라도 벌레를 피할 수는 없을걸? 우리 몸속에는 이미 세포보다 더 많은 벌레들이 살고 있거든. 기생충뿐만 아니라 그보다 더 작은 박테리아와 바이러스도 있어. 이중에는 우리가 생존하는 데 꼭 필요한 일을 해 주는 고마운 벌레들도 있지. 물론 윗집 친구의 경우처럼 갑자기 새로운 기생충이 등장해서 몸의 균형이 무너졌다면 꼭 치료해야 하겠지만."

깨봉이는 충격을 받아 숟가락을 뜨질 못했다. 꼬미는 입안 가득 비빔밥을 우물거리면서 깨봉이에게 의기양양한 표정을 지어 보였다. 킥킥 웃으며 두 사람을 지켜보던 택견 샘도 말을 더했다.

"오늘 깨봉이가 여러 번 놀라네. 아까 낮에는 샤워를 너무 많이 하면 안 된다는 말에 놀라더니, 지금은 벌레 이야기에 놀라는구나. 그래도 일단 밥은 먹어라. 오늘 하루 종일 걸어 다녀서 배고플 거야."

식사를 마친 후 이번에는 해잠 샘과 꼬미가 설거지를 담당했다. 그리고 숙면에 좋다는 따뜻한 차를 우려서 거실로 가져갔다. 다 함께 하루를 마무리하기 위해서다. 이때 깨봉이가 입을 열었다.

"해잠 샘, 생각해 봤는데 저는 서양 의학이랑 잘 안 맞는 것 같아요. 저는 그냥 『동의보감』을 계속 공부할래요. 몸에 벌레가 있다는 이야기보다 다섯 가지 자연이 있다는 이야기가 더 좋아요."
"그래? 그런데 이걸 어쩌지? 깨봉이가 좋아하는 『동의보감』에도 벌레 이야기가 엄청 많이 나와."

깨봉이는 하늘이 무너지는 표정을 지었다. 오행에서도 벌레가 태어나고, 오장육부에도 벌레가 살고 있다니! 해잠 샘의 설명은 여기서 멈추지 않았다.

"벌레들이 다 나쁘다고 생각할 필요 없어. 벌레 때문에 병이 생기기도 하지만, 또 벌레를 치료에 역이용할 수도 있거든. 게다가 『동의보감』 속에는 기생충이나 박테리아보다 더 스펙터클한 이야기들이 많아. 삶은 계란을 먹은 사람의 몸에서 병아리가 튀쳐나온다거나, '노채충'이라는 벌레에 감염되면 열이 나고 설사를 할 뿐만 아니라 다른 사람을 험담하기 좋아하는 성정까지 갖게 된다는 이야기도 있거든."

"에이, 세상에 그런 게 어디 있어요? 북극곰이 아기 바다표범을 잡아먹는다고 해서 나중에 어른 바다표범을 토해 내지는 않아요. 그런 북극곰은 제가 한 번도 본 적이 없어요."

이번에는 꼬미가 의심스러운 표정으로 끼어들었다. 해잠 샘이 웃으면서 답했다.

"그래, 꼬미 말대로 상식적으로 생각하면 말이 안 되는 이야기야. 그렇다면 이런 이야기는 『동의보감』에 왜 필요한 걸까? 그냥

심심할 때 읽고 웃으라고?"

꼬미, 깨봉이, 택견 샘까지 잠시 생각에 빠졌다. 이내 택견 샘이 먼저 입을 열었다.

"난 서양 의학도 한의학도 잘 모르긴 하지만, 내가 이 이야기를 진지하게 받아들인다면 저절로 몸을 조심하게 될 것 같아. 내 몸에 내가 알 수 없는 희한한 생명체들이 살고 있다는 걸 인정해야 할 테니까. 먹는 것도 함부로 먹어서는 안 되고, 남 험담도 함부로 해서는 안 되겠지."

"정답! 바로 그거야. 내 몸이 '내 것'이 아니라 아주 많은 생명체들이 함께 사는 장소라는 걸 인정하고 나면 저절로 몸과 마음을 바르게 가꾸게 돼. 수많은 벌레들과 함께 살면서도 이 친구들이 세를 너무 크게 넓히지 않도록 적절히 억눌러야 하니까. 균형과 공존, 이게 자연이 움직이는 원리야. 아까 꼬미가 말했던 것처럼 자연에 벌레가 있다면 몸에 벌레가 있는 것도 이상한 일이 아니야. 우리 몸이 곧 자연이니까. 정말 멋진 일 아니니?"

계속 떨떠름한 표정으로 소파에 앉아 있던 깨봉이가 갑자기 표정을 바꿨다. 그리고 언제 싫어했냐는 듯이 천연

덕스러운 목소리로 말하기 시작했다.

"그렇다면 저도 언젠가 페루나 아마존 정글로 여행을 떠나는 걸 고려해 보겠어요. 제 몸이 자연이라면, 지구상의 다양한 자연은 다 경험해 봐야죠."

"너, 이래 놓고는 나중에 여행 갈 때 가방 속에 기생충 약 엄청 챙겨 갈 거지?"

꼬미가 깨봉이를 흘겨보며 말을 받아쳤다. 깨봉이는 꼬미 말을 못 들은 척 고개를 돌리고, 택견 샘과 해잠 샘은 배꼽을 잡고 깔깔 웃었다.

〈술술 동의보감〉

"노채병의 원인은 다음과 같다. 흔히 소년 시기, 즉 혈기가 안정되기 전에 주색에 상하면 열독이 쌓이고 뭉쳐서 괴상한 벌레가 생긴다. 이것이 장부를 파먹고 청혈을 변화시켜 여러 가지 괴상한 것들을 만든다. [⋯] 남의 흉을 잘 보고 늘 분노를 품고 있으며, 걷거나 서 있을 때 다리에 힘이 없다."

13장

내 목소리는 왜 작은 것일까?

"사범님, 저 왔어요!"

깨봉이가 감이당 택견장에 들어오며 큰 소리로 인사했다. 스페인 여행 이후 이 주 만에 처음으로 하게 된 택견 수업이었다. 처음 떠나 본 해외여행이 힘들었던 것인지 그 후로 다들 며칠씩 앓아 누웠다.

"깨봉이 왔구나? 어째 신나 보인다?"
"학교 친구들에게 스페인에서 찍었던 사진을 엄청 자랑했거든요, 헤헤. 사범님도 솔직히 자랑하셨죠?"

"그럼, 당연하지. 우리 여행할 때 스페인 날씨가 참 좋았잖아? 사진들이 다 멋있게 나왔더라고."

깨봉이와 택견 샘은 생생한 스페인 여행의 기억을 떠올리며 싱글벙글 웃었다. 그 사이 꼬미가 자신보다 한두 살 어려 보이는 여자아이와 함께 택견장으로 들어왔다. 오늘부터 일주일 동안 함께 택견 수업을 듣기로 한 새 친구였다. 깨봉이 어머니 친구 분의 딸로, 엄마와 함께 서울에 일주일 간 놀러왔다고 했다.

"안녕하세요, 사범님! 오늘 새 친구가 온다는 이야기는 벌써 들으셨죠?"
"그래, 알고 있었어. 네가 하루지? 어린이 택견 수업에 온 걸 환영한다!"
"안녕하세요…. 하루라고 합니다…."

하루는 기어들어 가는 목소리로 인사했다. 낯을 많이 가리는지 시선이 땅을 향해 있었다. 택견 샘은 몸을 움직이다 보면 하루도 긴장을 풀 것이라 생각했다.

"자, 수업을 시작하자. 하루는 오늘이 첫 택견 수업이니까, 깨봉이와 꼬미가 좋은 본보기가 되어 주어야 해. 그럼 가장 기본 동작인 품밟기부터 시작해 볼까? 하루는 깨봉이와 꼬미를 따라하면 된다."

"네…."

택견 샘이 신호를 보내자 세 사람은 일제히 발을 움직이기 시작했다.

"이크, 에크! 이크, 에크!"
"이크, 에크…."

씩씩하게 구령을 붙이는 깨봉이와 꼬미와 달리, 하루의 목소리는 커질 줄을 몰랐다. 세 사람의 품밟기를 가만히 지켜보던 택견 샘이 갑자기 손을 들었다.

"잠깐, 다들 멈춰 보렴."

깨봉이와 꼬미가 영문을 모르겠다는 표정으로 택견 샘을 바라봤다. 택견 샘은 하루를 향해 말했다.

"하루는 목소리를 더 키워야겠다. 아랫배에 힘을 딱 주고 목청껏 소리를 내봐. 이크, 에크!"
"저는 원래 목소리가 작아요. 큰 소리로 말하는 건 불편해요…."
"'원래'라는 건 없어. 우리가 운동을 하는 이유도 몸을 원래 상태에서 더 튼튼하게 가꾸기 위해서잖아? 처음엔 불편하더라도 계속 목소리를 크게 내다 보면 하루도 자신감이 붙을 거야. 자, 이크, 에크!"

옆에서 둘의 대화를 듣던 깨봉이와 꼬미는 당황했다. 택견 샘이 이토록 단호하게 말하는 건 처음 봤던 것이다. 자신감 없는 하루가 안쓰럽게 느껴졌는지, 둘은 앞으로 나서서 하루를 변호하기 시작했다.

"사범님, 운동하는 사람이 모두 목소리가 커야 하는 건 아니잖아요? 중요한 건 동작을 익히는 거죠!"
"깨봉이 말이 맞아요. 하루가 싫다는데 억지로 강요할 수는 없어요."

택견 샘은 삽시간에 형성된 제자들의 연대를 보고 재미있다는 표정을 지었다. 그리고 말했다.

"하루를 도와주려는 너희들의 마음은 기특하다. 하지만 『동의보감』도 사범님과 의견이 같을걸?"

그 순간 깨봉이와 꼬미는 깜짝 놀라서 서로 시선을 교환했다. 방금 사범님이 『동의보감』을 말했단 말인가? 몸을 잘 몰라서 늘 복희씨에게 『동의보감』에 대해 물어보곤 하던 그 사범님이 맞단 말인가? 깨봉이가 재차 물었다.

"『동의보감』에서 뭐라고 말하는데요? 목소리가 작으면 건강에 좋지 않대요?"

"먼저 우리가 어떤 과정을 거쳐서 목소리를 내는지 생각해야 해. 말을 한다는 건 생각을 표현하기 위해서야. 생각하기 위해서는 보이지 않는 마음이 움직여야 하는데, 이는 정/기/신 중에 '신'이 담당하고 있어. '신'은 오장육부 중 어디에 자리하고 있을까?"

"심장이요!"

깨봉이가 답했다. 택견 샘은 엄지손가락을 치켜세우며 깨봉이에게 '좋아요' 표시를 날렸다.

"오케이! 잘 맞혔어. 그래서 심장은 목소리의 주인이라고들 해. 하지만 심장만 가지고는 목소리를 낼 수 없어."

이번에는 꼬미가 답했다.

"숨이 나오면서 성대가 떨려야 해요. 그러려면 폐가 일을 해야 하겠네요."

"이것도 정답! 그런데 아직 하나 더 빠진 게 있어. 목소리가 잘 전달되려면 소리에 양기가 듬뿍 담겨야 하거든. 음은 양에서 나오고, 양은 음에서 나오는 게 자연의 법칙이지. 목소리의 양기를 만들어 내는 건 몸에서도 가장 음적인 물질인 물이고, 물을 주관하는 오장육부는 신장이야."

깨봉이와 꼬미는 감탄을 금치 못했다. 목소리에 대한 『동의보감』 내용도 놀랍지만, 복희씨처럼 유창하게 『동의보감』을 설명하는 택견 샘이라니! 택견 샘은 살짝 잘난 척 하는 표정으로 말을 이었다.

"그러니까 양과 음 사이에서 오장육부의 도움을 받아서 생기는 귀한 소리가 바로 목소리야. 몸이 곧 자연이라면, 목소리는 '하늘'과 '땅' 사이에 울리는 소리와도 같은 거야."
"그런데 목소리가 생기는 원리랑 제 작은 목소리가 안 좋다는 거랑 무슨 상관인지 모르겠어요…."

『동의보감』을 배운 적이 없는 하루가 이마를 찌푸리며 물었다. 택견 샘은 아차, 하는 표정을 지었다.

"하루에게는 조금 어려운 내용이겠구나. 목소리가 작고 힘이 없다는 건 몸에 양기가 떨어졌다는 뜻이야. 그런데 양기를 가장 상하게 하는 감정은 두려움이야. 두려움이 커질수록 몸은 신장에 저장된 양기를 사용해서 스스로를 방어하려고 하거든. 양기가 고갈

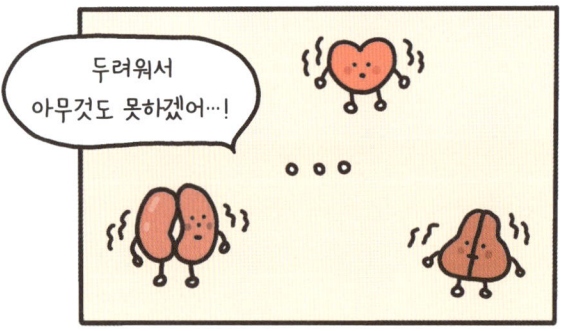

되면 저절로 목소리가 작아지게 돼."

　하루가 깜짝 놀라 눈을 크게 떴다. 하루는 낯선 장소에서 낯선 사람들을 만나는 게 늘 두려웠다. 그런데 만난 지 한 시간도 채 되지 않은 택견 샘이 벌써 자기 마음을 꿰뚫어 보고 있었다.

"그러니까 낯선 곳에서 두려움이 올라오더라도, 무조건 뒤로 숨어서는 안 돼. 오히려 씩씩하게 목소리를 내서 용기를 끌어 올려야 해!"

　하루가 고개를 열심히 끄덕였다. 그때 꼬미가 택견장 구석에 아무렇게나 놓인 종이를 발견했다.

"어, 이 종이는 뭐예요? 제목…, '복희씨의 『동의보감』 목소리 강의'?"
"뭐야! 어제 복희씨가 강의했던 내용을 저희에게 그대로 설명하신 거예요? 어쩐지!"

　택견 샘은 멋쩍은 얼굴로 괜히 창문 밖을 바라보다가,

어서 수업이나 시작하자고 아이들을 재촉했다. 그때 갑자기 큰 웃음소리가 들렸다.

"하하하!"

하루가 어느새 긴장을 풀고 웃고 있었다. 웃음이 모두에게 전염될 만큼 시원하게 말이다.

〈술술 동의보감〉

"심장은 목소리의 주인이고 폐는 목소리의 문이며 신장은 목소리의 뿌리이다. […] 신장의 기운이 부족해서 병이 생기면, 받아들인 기운을 케자리로 보내지 못하게 되니 기운이 치밀어오른다. 이때는 기침이 나고 담이 뭉치며 숨이 차거나 가슴과 배가 불러오르고 온몸의 뼈가 다 아프다. 기침이 심하면 기운이 부족해지니 목소리가 더 작아진다."

14장

땀이 나지 않으면 어떻게 될까?

깨봉이가 남산 언덕길을 열심히 오르고 있었다. 오늘 점심에 택견 샘이 통감자 카레를 요리한다고 했다. 더 늦게 도착했다가는 먹보 꼬미가 카레를 다 먹어 버릴지도 몰랐다. 그런데 앞쪽 언덕길을 올라가는 친구의 뒤통수가 어쩐지 눈에 익었다. 하루였다.

"하루야! 너도 감이당 가는 거야?"
"안녕, 깨봉 언니. 오늘 엄마랑 같이 감이당 왔다가 나 혼자 가게에 가서 과자 샀어."

하루는 첫 번째 택견 수업 이후 더 이상 낯을 가리지는 않았다. 원래 무뚝뚝한 성격인지 표정 변화가 많지 않았지만, 이제는 조용히 하고 싶은 말은 다 하는 듯했다. 살짝 특이한 동생이 마음에 든 깨봉이는, 하루가 며칠 후면 다시 집으로 돌아가야 한다는 사실이 아쉬워졌다. 아쉬운 마음을 삼키고 깨봉이가 말했다.

"오늘 점심에 택견 샘이 통감자 카레 하신대! 감자가 통째로 들어가는데 정말 맛있어. 우리 빨리 가서…."

깨봉이의 말이 끝나기도 전에 하루는 깨봉이를 뒤로 하고 감이당을 향해 달리기 시작했다. 꼬미, 깨봉이, 하루의 공통점이 있다면 먹는 걸 매우 좋아한다는 것이었다.

"같이 가, 하루야!"

앞서거니 뒤서거니 하며 감이당에 도착한 두 친구는 모두 땀에 흠뻑 젖어 있었다. 깨봉이는 카레를 먹으면서 투덜거렸다.

"에이, 땀을 흘리고 말았네! 복희씨가 땀을 소중히 여기라고 하셨는데."

"왜? 땀을 흘리면 왜 안 되는 거야?"

깨봉이의 혼잣말을 듣더니 하루가 물었다. 깨봉이는 뽐내는 말투로 대답했다.

"『동의보감』에 따르면 땀은 몸의 귀한 진액이래. 물은 생명의 원천이기 때문에 소중히 다뤄야 해."

"그럼 땀을 뻘뻘 흘리는 꼬미 오빠는 건강이 엄청 안 좋겠네?"

하루가 계속 질문했다. 반대편 식탁에서 흰 털에 노란 카레를 묻히며 밥을 두 그릇째 먹는 꼬미를 바라보면서 말이다. 감이당에 공부하러 온 선생님 한 분도 식탁에 앉으며 깨봉이에게 질문했다.

"나는 운동을 해도 이상하게 땀이 잘 안 나더라고. 그게 건강하다는 증거였던 건가?"

깨봉이는 말문이 막혔다. 침, 땀, 눈물이 몸의 진액이기 때문에 귀하다는 복희씨의 말을 기억하고 있었지만, 그게 구체적으로 어떻게 적용되는지는 몰랐다. 땀을 흘리는 게 건강을 해친다고 하기엔 꼬미가 지나치게 건강했다. 그때였다.

"이게 무슨 소리야? 땀을 안 흘리는 게 건강하다는 증거라니?"
"복희씨! 도와주세요!"

깨봉이는 곤란하다는 표정을 지으며 복희씨에게 상황을 설명했다. 복희씨는 킥킥 웃었다.

"똘똘한 깨봉이가 『동의보감』 공부 내용을 잘 기억하고 있네. 그렇지만 잊지 마렴. 우리 몸이 건강하기 위해서 가장 중요한 건 균형과 순환이야. 땀을 지나치게 흘리면 몸속 진액이 고갈되지만, 땀이 아예 안 나오면 그 역시 건강을 해치게 되는 거야."

깨봉이는 복희씨의 설명에 고개를 끄덕였다. 그렇지만 질문을 했던 감이당 선생님은 의문이 다 풀리지 않았는지 복희씨에게 조금 더 설명해 달라고 부탁했다. 복희씨가 말했다.

"깨봉이 말처럼 땀은 몸의 진액이에요. 피가 혈관 밖으로 나가면 진액이 되기 때문에 땀은 곧 피라고 할 수 있죠. 그런데 한 가지 꼭 기억해야 할 게 있어요. 한의학에서는 피를 '혈'이라고 하는데, 혈은 기와 늘 짝꿍이에요. 땀을 흘리며 노폐물을 몸 밖으로 내보낸다는 건 오래된 기운을 밖으로 내보내는 것과 같아요. 그러면 또 새로운 기운이 몸 안으로 들어오겠죠? 이게 바로 순환이에요."

"그럼 저는 왜 땀을 내고 싶어도 땀이 나지 않죠?"

"첫 번째 이유는 혈이 부족하기 때문이에요. 혈이 진액의 재료이니, 혈이 부족하면 당연히 땀도 나지 않겠죠."

깨봉이와 하루는 얌전히 옆에 앉아서 두 어른들의 대화를 들었다. 특히 깨봉이는 눈앞에서 오고 가는 한의학 문진이 너무 신기했다. 복희씨는 계속 설명을 이어 나갔다.

"땀이 나지 않는 두 번째 이유는 땀구멍이 틀어 막혀서 그래요. 몸의 성한 기운이 피부에 잔뜩 모여 있을 때에는 땀구멍이 열리지 않아요. 그런 사람들은 대개 오장육부에 기운이 모이질 못해요. 속은 비고 겉은 막히니, 당연히 순환이 일어나지 않겠죠. 푹 쉬어도 기운이 회복되지 않고요."
"앗, 이거 완전 제 경우에요! 왜 잠을 많이 자도 늘 피곤한지 의아했는데, 이유를 알겠네요."
"그래도 사람마다 구체적인 원인은 다 다를 수 있으니, 우선 의사 선생님과 상담을 해 보세요."
"네, 감사합니다. 깨봉이와 복희씨 덕분에 오늘 많이 배워서 가네요."

감이당 선생님은 무릎을 탁 치더니 만족한 얼굴로 식탁을 떠났다. 깨봉이는 텔레비전에 나오는 아이돌을 보듯 복희씨를 경탄의 눈초리로 바라보았다. 그리고 팔꿈치로 하루를 툭툭 치며 말했다.

"하루야, 봐봐. 복희씨 너무 멋지지? 너도 우리랑 같이 『동의보감』 공부하자. 그러면 방금 복희씨가 한 것처럼 우리 몸도 잘 알 수 있고, 사람들도 도와줄 수 있어!"

"난 몸이 안 아파서 공부 안 해도 될 것 같아."

"에이, 그러지 말고 같이 하자! 영상 통화로 같이 공부하면 되잖아. 그리고 집에 가서도 계속 운동하는 거 잊지 마."

"괜찮아, 난 건강해서 운동 많이 안 해도 돼."

그때 복희씨가 끼어들었다.

"노! 너희들이 아직 어리고 몸이 건강하다고 방심해서는 안 돼. 계속 운동을 안 하면 땀구멍이 막혀서 땀이 안 나게 될 걸? 그렇게 어른이 되면 나중에는 방금 그 선생님처럼 아프게 되는 거야."

그러자 하루도 얼굴색이 변했다. 땀구멍이 막힌다는 소리가 무섭게 느껴졌던 것이다.

"어…. 그렇게 되기는 싫어요."

"그래, 그래서 우리 모두 매일매일 잘 먹고, 잘 움직이고, 잘 자야 하는 거야. 매일 땀 흘리면서 운동하는 택견 샘이나, 두꺼운 털 때문에 땀을 뻘뻘 흘리지만 그만큼 잘 먹어서 기운을 보충하는 꼬미를 보렴. 얼마나 건강하니?"

그때 주방에서 앞치마를 두른 택견 샘이 나온다.

"저 부르셨나요? 통감자 카레 더 드시고 싶으세요?"
"저요! 저 더 먹을래요!"

반대편 식탁에 있던 꼬미가 손을 번쩍 들었다. 복희씨, 깨봉이, 하루 모두 동시에 웃음보가 터졌다.

〈술술 동의보감〉

"땀은 피를 다른 말로 부른 것이다. 「영추」에서는 '피를 많이 흘리면 땀을 내어서는 안 되고, 땀을 많이 흘리면 피를 상하게 해서는 안 된다'라고 하였다. 양기가 지나치면 몸에 열이 나고 땀은 나지 않는데, 음기가 지나치면 몸은 차고 땀이 많이 난다. 양기와 음기가 모두 지나치면 땀이 나지 않고 몸이 차다."

15장

왜 마음이 아프면 가슴도 아플까?

"얘들아, 준비 다 됐니?"

복희씨와 택견 샘이 감이당 복도에서 아이들을 불렀다. 오늘은 택견 수업을 하는 대신 다 함께 극장에 가기로 했다. 하루가 함께하는 마지막 날이자, 지구 온난화 때문에 살 곳을 잃어버린 북극곰들에 대한 다큐멘터리가 개봉하는 날이기 때문이다. 꼬미의 친구들로서 이런 중요한 다큐멘터리를 놓칠 수는 없었다.

"네, 지금 가요!"

깨봉이, 꼬미, 하루가 우당탕탕 뛰어나왔다. 극장은 감이당에서 꽤 떨어져 있었지만 수다를 떨면서 걷다 보니 금세 도착했다. 다큐멘터리는 매우 잘 만든 작품이었다. 극장을 나서면서 택견 팀 멤버들은 다큐멘터리에 대한 의견을 함께 나눴다. 성격 급한 깨봉이가 먼저 말했다.

"재미있을 줄은 알았지만 이렇게까지 감동적일 줄은 몰랐어! 지구를 지켜야겠다는 생각이 물씬 들던걸."

표정이 잘 변하지 않는 하루의 얼굴도 한껏 상기되어 있었다.

"맞아, 얼음이 녹아서 살 곳을 잃은 북극곰들이 정말 불쌍했어. 꼬미 오빠의 이야기가 더 실감 났고."

택견 샘과 복희씨는 오늘의 주인공이라 할 수 있는 꼬미의 말을 기다렸다. 그런데 꼬미가 평소와는 달리 말을 꺼내지 못하고 머뭇거렸다.

"어, 저도 좋았어요. 앞으로 더 많은 사람들이 지구 온난화 문제에 큰 관심을 가지게 될 것 같아서 희망도 생겼고요. 그렇지만 조금 슬프기도 했어요. 예전 기억이 계속 떠올라서요."

꼬미의 복잡한 심정을 듣자 돌연 분위기가 숙연해졌다. 깨봉이와 하루는 꼬미를 어떻게 위로해야 할지 몰라 우물쭈물했고, 택견 샘은 분위기를 전환하기 위해 큰 소리로 말했다.

"자, 그럼 이제 팥빙수 먹으러 갈까? 사범님이 쏜다!"
"와~!"

세 친구는 언제 울적했느냐는 듯이 환호성을 질렀다. 팥빙수에 빵까지 간식으로 야무지게 챙겨 먹은 택견 팀은 하루를 바래다주기 위해 카페를 나섰다. 지하철역 앞에서 하루의 어머니를 만난 택견 팀은 하루와 인사를 나눴다.

"하루야, 또 놀러와."
"집에 가서도 계속 운동해!"

하루 역시 어머니의 손을 잡고 멀어지며 큰 소리로 인

사했다.

"네, 선생님들 안녕히 계세요. 깨봉 언니, 꼬미 오빠 안녕! 또 놀러 올게!"

그날 밤 복희씨는 산책에 나섰다. 복희씨는 감이당 근처에 살기 때문에 밤에도 종종 남산을 산책하곤 했다. 그런데 꼬미의 집에 아직도 불이 켜져 있는 게 아닌가!

'어라, 이상하다. 꼬미는 보통 일찍 잠자리에 드는데, 왜 아직도 깨어 있지?'

복희씨가 대문을 두드리자 꼬미가 나왔다. 얼굴이 어두워 보였다. 복희씨는 꼬미에게 같이 밤바람 쐴 것을 제안했다.

"꼬미야, 오늘은 늦게까지 안 자는구나. 우리 남산 산책하면서 수다나 떨까?"

"네, 좋아요. 저도 잠이 안 오던 차였어요."

복희씨와 꼬미는 남산 산책로를 한참 올라가다가, 중간에 놓인 벤치에 잠시 앉아서 쉬기로 했다. 그때 꼬미가 눈살을 살짝 찌푸리더니 손으로 가슴을 눌렀다. 그리고 복희씨에게 말했다.

"복희씨, 저 가슴이 아파요."
"저런, 언제부터 아픈 거야?"
"오늘 낮에 극장에 갔다가 팥빙수 먹고 집에 돌아오고 나서부터요. 집에 혼자 누워 있는데 갑자기 가슴이 답답해지더라고요."

복희씨는 빙그레 웃으며 꼬미에게 말했다.

"꼬미야, 기억나니? 우리가 맨 처음『동의보감』공부를 시작했을 때 정/기/신을 배웠잖아. 그리고 우리가 '정신이 번쩍 든다'라고 말할 때의 '정신'이 우리 몸의 정/기/신에서 왔다고도 했지."
"네, 기억나요. 가장 처음에 배운 거요."
"또 꼬미가 부모님이 보고 싶어서 우울해졌을 때 이유 없이 머리가 아팠던 것도 기억나?"
"맞아요. 그때 깨봉이랑 만화영화를 보고 한결 좋아졌어요."
"지금까지 우리가 같이 공부했듯이, 몸과 마음은 하나로 연결되어 있어. 내가 보기엔 지금 꼬미는 가슴만 아픈 게 아니라 마음도 아파. 마음이 아프면 가슴도 아프게 되거든."

"정말요? 보이지 않는 마음이 실제로 가슴을 아프게 할 수도 있어요?"

꼬미가 물었다. 복희씨는 어둠 속에서도 보이는 꼬미의 눈을 바라보며 말씀하셨다.

"가슴에는 심장이 있지? 정/기/신 중에서 마음을 담당하는 신이 심장에 깃들어 있어. 옛날 사람들은 우리 심장에는 일곱 개의 구멍과 털 세 개가 있다고 생각했어. 서양 의학에서는 심장에 구멍이 있다고 하면 당장 수술을 하자고 하겠지만, 옛날 사람들이 '구멍'과 '털'로 말하고자 했던 건 세상과 만나는 우리들의 마음가짐이야."

"그 마음가짐을 지키는 곳이 심장인 거예요?

"그래. 심장은 오장육부의 군주로서 몸과 마음을 온 세상과 이어 준단다. 구멍이 났다는 것은 그만큼 세상에 열려 있다는 것이고, 털이 났다는 것은 바깥에서 불어오는 약한 바람에도 흔들려 반응할 만큼 세상에 관심을 기울인다는 뜻이야. 그런데 이 세상이 얼마나 넓니? 오죽하면 『동의보감』에서는 심장의 일곱 개의 구멍이 저 하늘의 별인 북두칠성을 뜻한다고 했다니까?"

꼬미는 손을 가슴에 대어 심장 박동을 느낀 채, 고개를 들어 하늘을 바라보았다. 오늘따라 미세 먼지가 끼지 않은 서울 하늘에는 별들이 반짝이고 있었다. 정말 저 별과 이 심장은 함께 움직이고 있을까?

"마음은 우리 몸이 세상과 만나는 자리에서 일어난단다. 이 넓은 세상은 끝없이 변하기 때문에 마음을 쓰는 건 쉽지 않아. 그래서 마음을 돌보지 않고 살면 가슴도 답답해져. 소통 능력이 큰 사람들은 웬만한 충격적인 소식에도 심장이 빨리 뛰지 않고, 담대하게 반응하지. 반대로 심장이 약하면 별일이 없는데도 불쑥불쑥 걱정과 근심이 올라와. 그러면 나머지 오장육부도 쉽게 병들게 되는 거야."

꼬미는 가슴과 마음의 놀라운 상관관계를 듣고는 평소와 달리 아무 말도 하지 않았다. 그리고 잠시 생각에 잠기더니, 복희씨에게 자신의 마음을 솔직하게 털어놓았다.

"사실 다큐멘터리를 보면서 마음이 너무 아팠어요. 이런 불행을 겪은 북극곰은 저 혼자였으면 했는데, 지금도 얼음집을 잃어버리고 물에 빠지는 북극곰들이 너무 많다는 사실이 견디기가 어려웠어요. 그리고 다큐멘터리를 본 사람들이 정말 북극곰들을 도와줄지, 바쁜 일상 속에서 까먹는 건 아닐지 걱정됐어요. 제가 걱정을 지나치게 해서 제 심장도 쪼그라들었나 봐요."

복희씨는 고개를 끄덕이며 꼬미의 등을 쓰다듬었다. 그리고 다정한 목소리로 입을 열었다.

"꼬미의 심정을 너무나 잘 알 것 같아. 그렇지만 가장 중요한 건 꼬미의 건강이야. 꼬미가 혼자서 이 문제를 해결할 수 없는데도 끙끙 앓는다면 꼬미의 몸과 마음만 상하게 될 거야. 일상에서 건강해지는 첫걸음은 마음을 비우는 연습을 하는 거야. 그리고 모두가 강건한 마음을 모을 때 지구 온난화 문제도 해결할 수 있다고 믿어 보자. 북극에서도 한국에서도, 지구 어디서도 별은 보이잖니. 지구 어디서 어떤 동물로 살든, 우리 심장은 세상과 연결되어 있어."

꼬미가 고개를 끄덕였다. 남산의 밤이 반짝이는 별빛과 함께 조용히 깊이 갔다.

〈술술 동의보감〉

"심장은 신의 집이다. 속은 비어 있고 직경은 한 치에 불과하지만 여기에 신명이 깃든다. 신명이 일을 처리하는 것은 헝클어진 실을 푸는 것처럼, 깊은 물을 건너는 것처럼 매끄럽다. 두려워하거나 슬퍼하거나, 기뻐하거나 화를 내거나, 깊이 생각하거나 걱정하면 하루나 한두 시간 사이에도 직경이 한 치밖에 되지 않는 곳에서 불길이 타오른다."

〈술술 동의보감〉 출처

본문의 〈술술 동의보감〉은 『동의보감』에서 가져온 것으로, 북드라망의 〈낭송Q 시리즈〉에서 인용했습니다.
책 제목, 출간 연도, 부-장의 순서로 출처를 밝힙니다.

1장 『낭송 동의보감 내경편』, 2014, 2-1.
2장 『낭송 동의보감 내경편』, 2014, 3-1.
3장 『낭송 동의보감 내경편』, 2014, 1-1.
4장 『낭송 동의보감 내경편』, 2014, 5-1.
5장 『낭송 동의보감 내경편』, 2014, 5-1.
6장 『낭송 동의보감 내경편』, 2014, 2-12.
7장 『낭송 동의보감 외형편』, 2014, 2-2.
8장 『낭송 동의보감 잡병편 2』, 2015, 21-1.
9장 『낭송 동의보감 내경편』, 2014, 4-7.
10장 『낭송 동의보감 내경편』, 2014, 6-22.
11장 『낭송 동의보감 외형편』, 2014, 17-2.
12장 『낭송 동의보감 내경편』, 2014, 6-15.
13장 『낭송 동의보감 내경편』, 2014, 6-8.
14장 『낭송 동의보감 내경편』, 2014, 4-6.
15장 『낭송 동의보감 내경편』, 2014, 2-10.

저자 소개

지은이

오창희

감이당에서 마음이 통하는 사람들과 함께하는 일상이 즐겁습니다. 『주역』, 『동의보감』 등 동양 고전을 중심으로 공부하고 있고, 불교에도 관심이 많습니다. 어린 친구들이 『동의보감』을 읽고 몸과 마음을 건강하게 돌보기를 바라는 마음을 이 책에 담았습니다. 쓴 책으로는 40년 류머티즘 동행기 『아파서 살았다』가 있고, 함께 쓴 책으로는 『내 인생의 주역』, 함께 풀어 읽은 『낭송 18세기 소품문』이 있습니다.

지은이

김해완

청소년 시절 남산강학원과 감이당에서 인문학 공부를 했습니다. 지금은 스페인에서 서양 의학 공부를 하고 있으며, 『동의보감』을 비롯한 여러 의학에 관심이 많습니다. 앞으로 몸과 마음 사이의 다리를 놓는 공부, 생명과 치유에 대한 탐구를 이어 나갈 예정입니다. 쓴 책으로는 『다른 십대의 탄생』, 『돈키호테, 끝없는 생명의 이야기』, 『쿠바와 의(醫)생활』 등이 있습니다.

그린이

니나킴

투박하고 단순한 그림으로 일상의 순간들을 따뜻하게 포착해 내는 일러스트레이터이자 작가입니다.『잠시 주춤, 하겠습니다』,『사라지고 싶은 날』,『Mother』를 그리고 썼습니다.

감수

여인석

연세대학교 의과대학 의사학과 교수 및 의학사연구소 소장으로 재직하고 있습니다. 연세대학교 의과대학을 졸업하고 동 대학원에서 기생충학으로 의학 박사학위를 받았고, 파리 7대학에서 서양고대의학의 집대성자인 갈레노스에 대한 연구로 박사학위를 받았습니다.

쓴 책으로는『한 권으로 읽는 동의보감』(공저),『의학사상사』,『한국의학사』(공저) 등이 있고, 옮긴 책으로는『정상적인 것과 병리적인 것』,『라메트리 철학선집』,『캉길렘의 의학론』등이 있습니다.